生活民俗

韩雪娇 著

民俗山西

MINSU SHANXI

杨茂林 主编

创于1897
商务印书馆
The Commercial Press

序

《左传·僖公二十八年》:“子犯曰:‘战也。战而捷,必得诸侯。若其不捷,表里山河,必无害也。’”

杜预　注:“晋国外河而内山。”

瞧这一片南北狭长的地带,地势由东北斜向西南逐渐下沉,里里外外分布着高山大河,几乎把山西全境给围了起来,造就了山西典型的黄土高原景致:一望无际覆盖的黄土,一览无余广布的山脉,几乎是山峦叠嶂、岭谷纵横,丘陵起伏、沟壑遍野,不乏险峻幽深,不缺粗犷雄秀,山色不同、神态各异,干旱少雨、四季分明。数千年来,我们的祖先一辈一辈生活在这里,自给自足,繁衍生息,同这块属于温带大陆性季风气候的土地相存相生相斗相融,把这里耕耘成了北方地区较为适合人类居住的地方。我一直认为,这个区域就是大自然的能量和人类的力量结合得最完美和最充分的地方之一。

一

东是巍峨雄伟的太行山脉,诸多名山从东北倾西南构成系列山地，恒山、句注山、五台山、系舟山、太行山、太岳山、王屋山、中条山呈“多”字形延展，雄浑壮阔、不同凡响，不仅是黄土高原的东界，而且是中国地形第二阶梯的东缘。这里地势险要，山高林密，河川交织，干旱少雨，山间存在着不少沉降盆地。上党盆地周边群山环绕，清漳河、浊漳河汇流此地，平畴绿野，嘉禾郁郁，涓涓细水，成河飞流，泽州盆地周围皆山，中部平坦，丹河、沁河流穿其间，森林茂密，水源富集，岩洞奇绝，瀑布垂练，都是一派自然天成、引人入胜的景色。其南端主要是中条山脉，其中历山北倚汾渭地堑，南临黄河谷地，山势陡峭、山丘众多，气候温暖、雨量充沛；中条山兀立于运城盆地和黄河谷地间，陡峰深谷、层峦叠翠，丛林荫蔽、草甸丰美，适宜人类繁衍生息。太行山脉是我们祖先最早出现的地区之一，早在 180 万年前，远古人类就开始在这里活动，历经旧石器和新石器时代，留下了人类起源和社会演进的诸多轨迹，如曾经在北部山麓地带狩猎为生的许家窑人，在中部东麓过着原始定居生活的磁山人，在南边过着刀耕火种采集狩猎群居生活的下川人，还有离我们更近的、已经步入青铜时代的东下冯人。是这片古老广袤厚实的土地，以及生活在其上的粗犷淳朴勤劳的先人，一起创造共享传承了丰富多彩、恢弘大气的中华文明的历史篇章。

西是覆盖深厚黄土的吕梁山脉，自东北向西南横亘着七峰山、洪涛山、管涔山、芦芽山、云中山、黑茶山、关帝山、紫荆山、龙门山等断块山地，宛如一条脊梁，中间隆起两边低延。从西坡看，吕梁山地向黄河谷地延伸，整体上东高西低，黄土广泛覆盖，受季风影响，气候干旱温暖，丘陵众多，墚峁成群，沟壑纵横，间有台垣盆地，地形支离破碎；从东坡看，黄土断续分布，山多坡广川少，气候湿润寒冷，有土石山区、黄土丘陵、沿川河谷，有高山峻岭、高山草甸、高山天池，也有寒温带针叶林、温带针阔叶混交林、暖温带阔叶林。吕梁山脉也是我们祖先较早活动的区域，从旧石器时代起就有人类生存，吉县柿子滩遗址有中国历史上最早的“火塘”遗迹，到新石器时代，人类活动更加频繁，成为沟通中原和西部地区交往的重要纽带。吕梁山是个很奇特的地方，自然条件恶劣、生存环境艰苦，但数千年来，我们的祖先与天斗、与地斗，开创了适合自身的生产生活方式，成就了代代相传、生生不息的人类传奇。

两山之间则是一连串狭长的台阶式下降的断陷盆地，由东北向西南依次延伸，大致连成一条飘动的走廊，土地平坦，聚水避风，流淌着多条非常重要的河流，省域内数百处石器时代人类文化遗址几乎全部分布在这些河流两岸的台地与山前丘陵

地带上。大同盆地在省域北部，是北方之门户，边缘山地丘陵，留有多座火山，桑干河从中流过，两岸地势平坦宽广。至少约 2.8 万年前，在旧石器时代晚期，峙峪人就在这里繁衍生息。下来就是省境中部偏北的忻州盆地，有高山环绕，还有洪积平原发育的滹沱河上游谷地和地势平坦的忻定盆地。旧石器时代中期这里就出现了人类劳动，新石器时代更是广泛聚居着属于仰韶文化和龙山文化类型遗存的原始部落。太原盆地在省域中部，东西与山地相接，盆地由北东向南西延展，汾河中游穿过，土地宽阔肥沃。盆地边缘环绕着黄土台地和黄土丘陵，在仰韶时期就有人类活动，到了龙山时期，先人则出现在平原周边稍高的地方。往南过霍山口是临汾盆地，至侯马折向西，东西以大断层与山地相接，汾河下游穿经流入黄河，土壤肥沃，气候温暖。晚更新世早期的“丁村人”就在这里生活繁衍，过着采集狩猎的集体生活。作为山西新石器时代早期的枣园稼穑，就折射出先民早期的农业活动情况。陶寺文化更是标志了文明社会的到来，农耕成为养育先民的基本的生产生活方式。最后是运城盆地，省域西南部一个强烈的沉降盆地，盆地内多河湖堆积，涑水河由东北向西南流入黄河，四季分明、无霜期长。这里留存有很多旧石器时代至龙山文化晚期遗迹，是寻找夏文化源头的重要区域。

世界上很少有自然环境如此艰苦，人类的生命力又如此顽强生长、旺盛充沛的地方。我深切感到，这片土地非常慷慨，对一切已经发生、正在发生以及将要发生的都悉心收纳，从不推诿放弃，不会让任何劳动没了收获，至迟从180万年前开始，就以兼爱无私的博大胸怀，无怨无悔、不离不弃地养育了一代一代命运多舛、抗争不息、勤劳不怠、淳朴诚实的先民，留下了女娲造人、精卫填海、后羿射日、愚公移山等感人故事；而先民对自身价值的发现，对文明社会的探索，都来自身下这片土地，他们不断窥探自然的奥秘，挖掘生活的价值，调节社会的关系，忍耐痛苦的折磨，享受人生的快乐。凡此种种，经年累月，就在山西这样一个相对封闭的区域内，长出了富有特色的民俗文化，流出了含蓄而奔放、凄美而热烈的山西故事。我经常想，只有深刻了解了这片土地及其上的所生所长，人们才能进一步认识到，这个世界上多灾多难的古老民族，为何能一路走来、生生不息！

的确，自先民最早踏上这块土地，便在这里开拓自己、和纳他人。由于地理位置和特殊条件，农耕民族和游牧民族在这里持续对峙碰撞，不断有新民族迁入、有汉民族迁出，经常是大出大进，所以多民族在此杂居生活、交融文化，加之区域内各地环境差异较大，地理、水文、气候、物产、语言等多有不

同，使得生产生活、居民性格、社会交往等各具特色，因此，这里的民俗文化自然也是多元生长、丰富多彩，形式有异、特点纷呈。事实上，山西民俗有中国北方汉民族的文化共性，也蕴含独特的地域风情，这是自然因素的影响，也是民族融合的特殊文化气质的渗透。从胡服骑射到文明新装、从穴居野处到晋商大院、从羊皮筏子到黄河大桥，都呈现出物质精神生活的演进以及生产生活方式的变化，透露了山西民俗所涉及的民族生活和繁衍的信息，以及带来的关于民族生存和发展的启示，使人更加深刻地感受了传统文化视野下山西区域的人与人、人与自然、人与社会的关系。特别是，虽然这里生存条件不是很好，有些地方还很恶劣，人们活得比较艰苦，但是他们始终追求美好的强烈愿望、敢为人先的奋斗精神、诚信守义的生活态度，确实都通过民俗文化及其背后故事生动地跃然纸上，令我们感慨不已。作为后人，我们要有敬畏，应该倍加珍惜！

二

山西民俗涉及人们的衣食住行以及信仰、禁忌等方方面面的内容，有显著的活态特点和十分广泛的群众基础。从理论上看，“民”一般指民间或百姓，“俗”则多指其生活习惯或方式所涉及生活的文化。葛剑雄先生认为，“俗”比较稳定，存在时间较长，影响范围较大，这样“俗”被越来越多的人接受，逐渐成了群体生活的重要部分。而钟敬文先生则认为，民俗既是一种历史文化传统，也是人民现实生活中的一个重要组成部分。我个人以为，“民俗”形成的本身就是一个动态过程，然而一经历史沉淀就会成为传统，在得到群体认同的过程中，也会在观念、信仰、准则、习惯、制度等方面得到反映。因此说，民俗具有深刻的文化意义，是传统文化的重要内容，是不同地区人们生活智慧文化的外在体现。在挖掘整理和深入研究中，我始终有个深刻感受，那就是山西民俗是一种活化的历史文化资源，是传统文化的基础或底蕴，会与不断变化的现实环境相结合衍生出新的形式和内容。而在历史和文明演进中，山西民俗作为传统文化，在民间已经外化为制度和规约，内化为观念和认知，不仅在过去，而且在当下，在百姓日常生活乃至国家社会治理方面都起着重要作用。

事实上，民俗虽然说的是百姓的事情，但是具有非常强烈的主体意识，与民族的生命活力及其延续本身密切相关，很容易实现身份认同，享有共同的生命观。从民俗元素中抽象出的传统文化，都具有原始环境的本真韵味，是原初的思想和根底的行为，凝聚了最基本的人类思想和情感要素。从山西民俗中，可以发现不同时代的人的思想和行为特质，可以从人们思

想情感、生产生活中探寻那些流淌着的文化乡愁，那种与泥土青草、村落民居、山川河流同构的浓郁传统生活，通过人与人、人与物、人与天地之间的联系，来透视生长其中的信仰、情感、希望、乐观等。山西民俗反映了人类的生命力，以及人类在生生不息中摆脱不了的宿命。正如楼宇烈先生所认为的那样，生命是一代一代相延续的，父母子女、兄弟姐妹之间有血脉联系，彼此之间都是有责任、义务的。因此，从薪火相传意义上说，山西民俗在本质上就是一种代代延续、辈辈传承的责任或者义务。张岱年先生认为，中国传统文化有两个基本精神，一是“以人为本”，强调人的价值，表现人的自我认识和道德自觉心；一是“以和为贵”，强调人人和谐共进，表现人们的求同存异和多样性统一。山西民俗是特别讲求这些基本精神并以此为底色或本质的。

我国历史源远流长，多民族统一大国是两千年来的基本国情。任继愈先生认为，这个国情综合地显示着中华民族的思想文化、生活准则、宗教信仰、伦理规范、风俗习惯和政治制度。在他看来，观察中国历史、研究中国问题，都不能不以这个国情为出发点，又落脚到这个出发点。显然，任先生这段话主要是从形而上角度来思考的，但对我们深刻认识山西民俗文化有启示意义，因为多民族统一大国的两千多年的基本国情，同样是由悠久流长、多姿多彩的、与百姓生产生活如影随形的民俗文化显示的。换句话说，就是山西民俗文化能从多个角度、在多个层面反映着这一基本国情的思想、准则、信仰、伦理、习惯、制度的主要内容。所以，按照历史唯物主义的观点立场方法，对山西民俗进行文化意义上的梳理分析，更好展示其源流、概括其特点、阐释其价值、揭示其发展规律，对于进一步讲好中华文明、体现中华文明智慧力量，具有重要意义。

山西民俗需要守护和创新。楼宇烈先生说，传统就是我们的原创。这话很有道理。山西民俗作为这样一种原创性的重要传统文化，不能片面理解或者武断排斥，而要全方位记录好保存好，更要主动传承好弘扬好。在当下数据时代、智能社会背景下，在城市化迅猛发展进程中，山西民俗也要创新，以求更好生存发展，融入现代社会并发挥积极作用。因为，每种民俗都镌刻着传统文化内涵，流淌着民族精神价值，都会随着时代变迁而精进发展。今天，百年未有大变局与科技变革大趋势，为这种发展规定了方向和提供了条件。荀子有句话说得好，“循其旧法，择其善者而明用之”，意思是用其善并发扬光大，是发展的核心要义。我以为，其中最大的善，就是在发展中不断彰显人类的生命价值、拓宽人们的精神世界。对民俗文化研究而言，就是围绕生命本身及其延续意义，着力构建起更为广泛

的血脉联系和责任义务，并通过不断创造来维护血脉联系和履行责任义务。

山西民俗作为传统文化的重要组成部分留存至今，一定有它长期留存的原因，那些传统社会反复出现的生产生活方式，持续作用的约定俗成、长期持有的信仰禁忌，都与我们能走到今天有直接关系。五年前，当我们以山西文明历史角度，开始研究和撰写《民俗山西》时就讨论过，通过编撰这套文化读物想告诉读者什么、用什么方式告诉、期待产生什么效果的问题。自那以后，这些问题一直伴随着相关的挖掘整理、分析研究、撰写修改的全过程。现在本书即将付梓出版，我们对问题的答案更加清楚了，那就是以人为本、以文化人，不忘本来、面向未来，尽量做到系统全面、图文并茂，着力融合历史性和学术性，力求兼顾现实性和可读性，在此基础上，把一幅幅鲜活生动的民俗画卷奉献给读者，把一个个富有智慧的生产生活启示展现给世人，这应该就是我们研究历史的学者要担起的使命责任吧！

是为序。

杨茂林

2022 年 3 月　太原

目　录

概　述

生活民俗是基于民众生理需要而产生的，是由日常生活的点点滴滴积累而成的，成为人们宗教信仰、审美观念、社会心理等方面的外化体现。随着时代的发展，民众的物质生活越来越富足，社会文化越来越繁荣，地域间的民俗差异也越来越不明显。生活民俗包括服饰民俗、饮食民俗（饮食民俗单设一册）、居住民俗、交通与行旅民俗。服饰民俗包括衣、帽、鞋、袜以及式样繁多的装饰物。成人服饰以舒适、耐穿、实用为主，婴幼儿服饰则既追求样式的美观、做工的精细，又注重求吉辟邪寓意的表达。山西境内人口以汉族为主，衣饰基本保持着汉族特色，除了日常生活的服饰习俗，还有一些在特定场合具有特别意义的服饰习俗。居住民俗包括房屋类型、建造仪式及相关的禁忌信仰等。山西民居建筑受到自然地理、气候条件、经济水平、历史文化、风俗习惯等多重因素的影响，形成了不同区域不同风格的民居类型。山西民居大致可以概括为三类，一是规制整齐的大院民居，二是因地制宜的窑洞，三是就地取材的土坯房、石板房等民居。居住民俗集中体现了民众的审美意识、精神诉求、风水吉凶观念和日常生活习俗。随着商品贸易、人际交流的频繁，各种交通运输工具、交通设施应运

而生，并形成了地域性的交通行旅习俗，包括交通设施（如驿道、驿站、旅店），交通工具，行旅规矩，行旅信仰和禁忌等习俗。山西境内既有适于山区运输的陆路交通方式，又有在黄河、汾河等河流上形成的水路交通习俗。山西人的生活民俗，既具有中国北方汉民族的共性，也蕴含着独特的地域风情和文化内涵。

总的来说，山西生活民俗具有以下特点：一是实用性与艺术性的融合，服饰一般由妇女缝制，民居则一般由男子建造，虽有不同的分工，但都体现了山西民众对日常生活的态度，不敷衍，不将就，艺术地去生活，即使是小小一双鞋、一片瓦，也愿意用极致的工艺去装饰它。二是封闭性与开放性的调和，山西人有着内敛沉稳的地方性格特征，这就决定了生活习俗能够在相对封闭的社会环境中稳定传承，与此同时，晋商的开放精神也给山西生活民俗带来了深远的影响。三是历时性与地域性的整合，从服饰、居住、交通民俗中，我们可以看到历史的变迁对民俗的改造，通过这些细小的民俗事象可以绘出山西文明史的速写；同时，山西生活民俗在地理生态、社会文化的熏陶下散发出浓厚的地域风味。

服饰民俗

“红粉蓝绿青紫色，棉毛皮丝绸麻做。裤子做到胳肢窝，新婚胜似小登科。晋北老汉‘毛窝窝’，晋南大娘‘土布袍’。巧手编来‘中国结’，真情纳出‘蹋山倒’。隆冬到，戴毡帽，夏天头上顶青草。花花哨哨数童帽，南北汉子手巾包。红主腰、红腰带，反穿皮袄敞开怀。腰里别着大烟袋，三晋服饰怪怪怪。”从颜色到材质，从晋北到晋南，从头到脚，这段“数来宝”用“土味”方言生动地展示了山西服饰民俗的特色。

服饰的厚薄、材质主要取决于地理位置和气候环境。山西省属暖温带、温带大陆性气候，在“两山夹一川”的地势影响下，冬季长而寒冷干燥，夏季短而炎热多雨；春季日温差大，风沙多；秋季短暂，气候温和。南北温差大，晋南运城市年平均气温 13.1℃，而晋北朔州市年平均气温 6.9℃。无霜期南长北短，平川长山地短，五台山仅 85 天，临汾、运城盆地则长达 200 ～ 220 天。故而当晋南民众沐浴在冬季暖阳下时，晋北民众则需要用毡帽、毛袄、毛窝窝来保暖。

服饰的样式、色彩、装饰与历史变革、民族民风息息相关。山西境内的汉民族服饰源于“黄帝尧舜垂衣裳”之传承。秦汉时期，男子以袍为贵，女子穿深色上衣和宽大的长裙。一直到赵武灵王推动“胡服骑射”之前，汉族服饰均为宽衣长袖，肥腰宽袍。赵武灵王适时将“胡服”引入，创造了上褂下裤、短衣窄袖的改良服饰，逐渐成为山西乃至中原地区的基本服装制式。魏晋南北朝时期，宽衫博带再次成为流行服饰，同时山西境内“戎晋相杂，衣饰各异”，服饰习俗相互影响。孝文帝在北魏推行汉化改革，首当其冲的便是以汉族服装取代鲜卑族服装。唐代社会风气比较开放，男子多穿圆领袍衫，女子着襦衫裙，色彩偏好也由深色转变为更加艳丽的彩色。宋代基本承袭了唐代服装制式，但更加内敛古朴，色彩倾向于素丽淡雅。清朝服饰受满族文化影响，男子服装有马褂、马甲、长衫、行袍、袄等；满族女子穿长袍、花盆底鞋子，梳小两把头，汉族女子则以上衣下裳、宽大衫裙为主。晚清“非其人不得服其服”的传统衣冠等级制度逐渐弱化，剪除发辫，改易西服的风气对山西服饰习俗的影响不可小觑。辛亥革命以后，女子穿旗袍、长筒丝袜逐渐成为流行趋势，同时还有上袄下裙的“文明新装”；男子则流行西装、中山装。1949 年后，机织布、哔叽等材质成为人们制衣的首选。进入 20 世纪 50 ～ 70 年代，男女都喜欢穿草绿色的军装、灰色或蓝色的工装、黑色或灰色中山装、列宁装，追求朴实耐脏，穿衣风格相对保守。改革开放以来，越来越多的时装出现在人们的日常生活中，形成了现代服饰新风俗。男子有了西服、夹克、风衣、运动服、牛仔裤等服饰选择，颜色样式也越来越多变；女子的时装则更加绚丽多彩。

山西服饰民俗体现着历史传承、民族性格、礼俗信仰、审美观念和时代特征，集中展示了别具一格的山西民间艺术。了

解从古到今的服饰流变过程，可以在历史的流动中发现地方文化、民众心理的变迁。服饰类别之多、样式之繁不可悉数列举，本书选择了一些具有鲜明地方特色的服饰作为代表展开叙述。

衣服

致福避灾的“百家衣”

宋陆游《书感》一诗中有：“哀哉穷子百家衣，岂识万斛倾珠玑。”宋苏汉臣所画的《长春百子图》中也有一个穿着“百家衣”嬉戏的孩童。清末民初李鉴堂的《俗语考原》中载：“俗为婴儿乞零碎布帛于众邻，合以制衣，云衣之可致福，此为风由来已久。”由此可知，婴孩穿“百家衣”的习俗古已有之。

“百家衣”，也叫“百衲衣”“七姓衣”“讨吃衣”，是婴幼儿的一种上衣。衣如其名，是集百家之力，由一百块不同花色、材质的布块拼接缝制而成。古时还以“百家衣”来比喻集句诗及拼凑而成的文章。如陆游的《次韵和杨伯子主簿见赠》中写道：“文章最忌百家衣，火龙黼黻世不知。”

中国许多地方都有穿“百家衣”的习俗，其中尤以陕西、山西、甘肃、河南、山东等北方地区较为流行。根据季节的不同，“百家衣”有单衣、夹衣和棉衣。“百家衣”的制作者一般是孩子的奶奶或母亲。在孩子出生后，她们亲自去左邻右舍、亲朋好友家中讨要一些色彩亮丽、形状各异的小布块，民间认为这些布块是福气的象征物，可以借福消灾，俗称“讨百家”。晋中一带，奶奶要背负孙儿走街串巷，到各家讨取少量米、面和小布块。

回家后，奶奶先把不同的布块裁剪成大小相同的规则形状，如三角形、菱形、正方形、六边形等，然后把不同颜色的布块连缀在一起。有的还要在布块中间绣上精美的图样，如蝴蝶、瓜果、“五毒”[①]等。用这种“拼布”的方法量身定制成的衣服，就是“百家衣”。“百家衣”不能胸前开口，要做成侧开口的大襟衫，寓意孩子多福多寿。并且要在底襟处留个口子，俗称“藏魂处”，孩子满月后，才能由孩子母亲将其缝住，表明已将孩子的灵魂留下。山西人讲究“百家”的数量越多越好，并不限于一百家，而且要选择不同姓氏的人家，特别是谐音比较吉利的姓氏，如“刘”的谐音是“留”，“程”的谐音是“成”。在颜色的选择上偏爱红色、蓝色、紫色等，因为红色驱邪避灾，“蓝”谐音“拦”，“紫”谐音“子”。如临汾地区讲究用奶奶穿过的旧蓝布衣服给孩子改制小衣服。

“百家衣”是一种具有神奇功能的吉服，承载了人们满满

① 民间将蝎子、蜈蚣、壁虎、蛇、蟾蜍五种毒虫称为“五毒”。

的祝福和心愿。在晋北五台及晋中等地，婴儿降生百日，俗谓“百岁”“百天”。过“百天”的时候孩子要穿上“百家衣”，象征借百家之福，消百样灾难，无灾无病，健康成长。过去医疗条件有限，孩童容易夭折，给家庭带来极大的痛苦。为此，人们创造了“百家衣”，百家之福、特定的颜色和图样等都被视为抵挡灾病的武器。

“百家衣”既体现了传统社会的抱团互助之情，也体现了民众朴素的生命观。现在民众生活条件得到极大改善，孩子的健康有了科学的守护方法，“百家衣”也渐渐消失，埋藏在人们的记忆中，但“百家衣”中“拼色”“拼布”的手工艺术仍在继续流传，渗透于现代服饰和艺术作品中。

小孩屁股三把火：开裆裤

婴儿最常见、常穿的服饰是开裆裤，即裤裆部位不缝在一起，方便孩子大小便。俗语说“小孩儿的屁股三把火”，即使在寒冷的冬天，也经常能看到穿着开裆裤玩耍的孩童。开裆裤的最初形态应该是汉代流行的“绔”，没有裤裆，也没有裤腰，只有裤腿。两条腿穿进去，用绳子系在腰间。“绔”是贴身衣物，有钱人家会用质地柔软细密的丝织品（纨）制作，明张岱在《夜航船·衣裳》一节中明确地说：“纨袴，贵家子弟之服。”这就是“纨绔子弟”的由来。明陈洪绶的《戏婴图》中就有一

穿开裆裤的孩子

个穿着开裆裤的可爱孩童。旧时人们缺衣少食，更不会为婴儿准备多套换洗服装，穿上开裆裤可以避免婴儿把裤子弄脏。为了防止小儿随地乱坐受凉，一般会在开裆裤的后腰处缝一个双层布垫，叫“缀帘”或“缀裙”。

还有一种把上衣和裤子、袜子连为一体的衣服，叫作连身鞘，也是婴儿常见的服饰。“鞘”，本义指刀、剑套，在这里指外套、衣服。连身鞘的做法是把帽子、上衣、裤子、鞋子都缝在一起，春、夏、秋三季可用棉布或绸缎制作，冬季做成夹棉的。这种连身鞘既方便大人给孩子迅速穿脱，又有很好的保暖效果，避免孩子在活动过程中把肚子露出来，着凉生病。为了

美观，还会在后背上缝一条虎脊和虎尾巴，两袖两腿为虎腿，再戴上一顶虎头帽，穿上虎头鞋，把小孩装扮得虎虎有生气，十分威武俊俏，生动地体现了民众对老虎的崇拜心理。

在纸尿裤没有诞生的年代，开裆裤是婴儿的主要服饰。一般要穿到三岁左右，等孩子有了性别意识，学会解开裤子大小便时，才能告别开裆裤。

白圪洞洞的皮袄

山西民歌《夸土产》中有一句歌词“大同的皮袄白圪洞洞”，民间谚语有“雁门关外野人家，朝穿皮袄午穿纱”“雁北三件宝——山药、莜面、烂皮袄”。这说的都是晋北地区的特殊服饰——皮袄。

晋北各县都有专门做皮制衣物的皮匠。具体制作流程为：先把生皮交由“黑皮匠”熟制成羊皮皮料，再由“白皮匠”裁剪、缝制成各种羊皮衣服，如大皮袄、小皮袄、皮坎肩、皮裤、皮帽，剩余的边角料还会做成棉鞋衬里、坐垫、护套等。皮袄用数张带毛熟羊皮缝制而成，以腰身长短分为大皮袄、小皮袄。大皮袄可长至小腿，小皮袄仅及大腿。式样分对门子和掩襟子。不加布面的称“白板子皮袄”“白碴子皮袄”，加布面的称“吊面子皮袄”，加布里的称“吊里儿皮袄”。白板子皮袄不钉扣子，而是用带子系；领子也为毛羊皮。吊面子皮袄有纽

穿皮袄的人

扣；领子一般用狗皮、猫皮或者兔皮，也有用狐皮制作的。女子穿的皮袄还要在领口、袖口、前胸绣制图案，并缀上铜质的花纹纽扣。

晋北冬季寒冷，民众为御寒保暖，多以羊毛、羊皮为服装原料，人们讲究要在大年之前新缝制一件皮衣。晋北有俗语“皮裤套棉裤，必定有缘故”，过去拉骆驼走口外的或赶车的农民，都要在棉衣、棉裤外边再套上皮袄、皮裤才能抵御严寒。皮袄、皮裤是当地人过冬的必需品，但对条件不富裕的家庭而言也是一种奢侈品。河曲民歌中唱道：“茅庵庵的房房土的炕炕，烂大了个皮袄伙呀么伙盖上。”民间故事中还有通过皮袄斗富的情节。据说朔州中钟牌村有一位名为李宏才的地主，一入冬就新做了件大皮袄。邻居郭二虽然家境一般，但不甘人后，为了与李宏才斗富，硬是东挪西借也缝了一件大皮袄。过了正月十五，天气转暖，李宏才又缝了一件小皮袄；郭二赶紧把大皮袄剪短，也穿上了小皮袄。到了阳春三月，李宏才又缝了一件皮坎肩；郭二连忙剪掉袖子，也穿上了皮坎肩。到了第二年冬天，李宏才又穿上了大皮袄，郭二却仅剩一件皮坎肩了。故事虽然是以攀比斗富为主题，但也生动地展现了晋北民众对皮袄的喜爱。

磨肚皮的小娇娇：肚兜

肚兜，是人们贴身穿的内衣，用于保护、遮挡胸腹部。肚兜在不同地区有着不同的称呼，如“兜肚”“肚肚”“暖肚”“护心”“主腰”等。晋北地区有一则谜语：“白天搂、黑夜抱，搂着脖颈抱着腰，磨肚皮的小娇娇。”谜底正是肚兜。在宋苏焯的《端阳戏婴图》中就有两个只穿肚兜光着屁股的胖娃娃，天真可爱。宋苏汉臣的《长春百子图》中也有身穿红肚兜戏水的顽童。

汉代内衣名为“抱腹”，唐代出现了一种无带的内衣，称为“诃子”。宋代的“抹胸”，用纽扣或带子系结，“上可覆乳，下可遮肚”，又称“抹肚”。明代的“主腰”与现在的背心相似，清代的“肚兜”样式流传至今。

肚兜常见的形状有正方形、菱形、半圆形、倒花蕾形等，其制作过程是将上角裁成领口形状，缝上系带，系于脖颈，两边带子系于腰间，下角或为尖形，或为圆弧形。成年男女、孩童均可穿肚兜，但更多见于妇女和孩子。男女之间有时会以肚兜作为爱情信物，通过互相赠送肚兜来确定恋爱关系。有些地方新娘子过门后要为丈夫缝制肚兜，以表情达意。肚兜也是母亲为孩子们准备的第一件衣服。孩子每年过生日时，外婆和母亲都要亲手为孩子缝制肚兜。如吕梁现代晋剧音乐剧《红肚兜》，讲述了一位与女儿失散多年的母亲，二十多年来每逢孩子生日都会缝制绣有梅花的红肚兜，以寄托对孩子的思念。

肚兜的材质、颜色取决于使用者的年龄、身份、经济情况和地方习俗文化。富裕人家一般用光滑柔软的绸缎缝制肚兜，

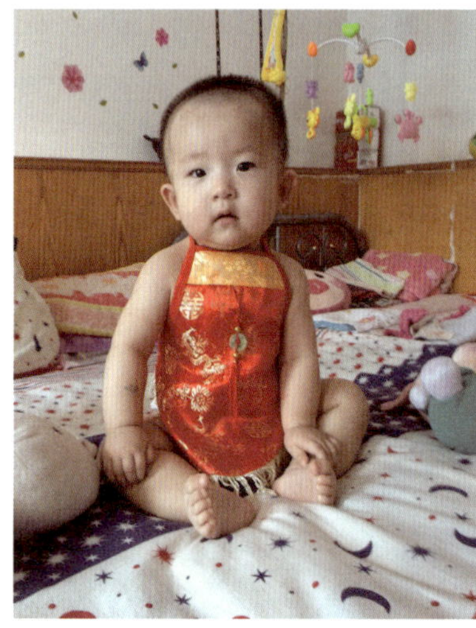

穿肚兜的小宝宝

五毒肚兜

装饰华丽繁复；普通人家多用价格较低、更为耐用的棉布、粗布缝制，装饰图案相对简单。男子的肚兜多为红色、黑色的纯色，不加其他装饰。女子和儿童的肚兜，颜色丰富，且会绣上各色图案。如年纪较大的妇女一般选用红色、蓝色、黑色的纯色布，再做一点简单的装饰；年纪较小的女子一般选用白、红、粉红、蓝、浅蓝、浅绿、浅黄等颜色，同时还用彩色丝线在肚兜上绣制牡丹、梅花、鱼、喜鹊、鸳鸯、莲花、福字等图案，既增加美感，又寓意吉祥幸福；儿童穿的肚兜则用老虎、“五毒”、莲花等图案装点，希望以此驱灾攘病，护佑孩子健康成长。孝义等地区有一种“五毒肚兜”，用红、蓝、黄、白、绿五种颜色的布块拼接而成，上面绣着蝎子、蜈蚣、壁虎、蛇、蟾蜍五种毒虫。高平地区流行以戏曲故事为题材装饰肚兜，既有佘赛花与杨继业、柳毅与小龙女的爱情故事，又有《二进宫》《穆桂英挂帅》《黄鹤楼》《西游记》等忠义故事。

蒜母疙瘩扣：襻扣

“襻扣”在山西被称作“扣结”“桃疙瘩”“纽襻”“蒜母疙瘩扣”，是用布条或布绳编制折叠而成，缝接在衣襟两边，不仅起到连接衣襟的作用，更是服饰中必不可少的点缀饰品。古代服饰多以宽衣大袖为主，要使衣服合体随身，就需要使用绳子或带子打结。

襻扣在唐代已经出现，明清时期逐渐普及，在民国时期的服饰中特别是旗袍中更是成为必不可少的装饰，现代服饰的设计中也经常出现。从宋代的袍服到清代的满族服饰，再到近代的旗袍，襻扣的应用越来越广泛，样式也越来越多。从种类上看，有模仿动植物的梅花扣、蝴蝶扣等，也有盘结成文字的吉字扣、寿字扣、喜字扣等多种样式。从制作工艺来看，既有样式简单的一字扣、如意扣，也有工艺复杂的金鱼扣等。小小的襻扣演化出了丰富的文化内涵，一种是祈福益寿，以寿字扣、各式花卉扣为代表；一种是情感寄托，如蝴蝶扣最为多见。晋北民间认为，妻子亲手为丈夫缝制衣物，缀好襻扣，就能拴住丈夫的心。

襻扣的样式不同，缝制方法也不尽相同，这里以一字扣（桃扣）和花卉扣为例。先将细长布条缝制成滚圆的带子，然后将带子穿插打结，两股圆带从结的同一处穿出，顶端形成一个类似核桃的疙瘩，一个简单的桃扣便完成了。扣母只需将圆带对折，顶端留出适合大小的圆环，剩余部分缝在衣服上。各类花卉造型扣结的制作需要先用合适的面料裁剪好，抹上糨糊后，缝成窄窄的扣条，然后把扣条盘出花瓣的形状，再用另一条做成花心填入中间，最后缝好固定，另一边也是同样步骤，两边花形讲究对称。此外，还可以加入各种颜色的珠子、亮片，让图案更加漂亮。现在，襻扣的材料、样式都有了新的发展，融入了许多现代新风尚，是中式服装的标志性饰物，也成为代表中国文化特色的特殊布艺工艺品。

鞋帽

温暖结实的千层底

布鞋在我国已有三千多年的历史。山西侯马出土的西周武士跪像所穿的手工纳底布鞋是我国最早的布鞋形象，称为晋国“侯马鞋”。古代女子出嫁前，都要为自己准备一双绣花布鞋。在晋南地区流传着“晋国鞋”的传说，晋献公为了让百姓记住他的文治武功，命令宫中所有女子的鞋面上必须绣上石榴花、桃花、佛手、葡萄等钦定的十种花果纹样，同时还下令全国平民女子出嫁时必须以这种绣了纹样的“十果鞋”作为大婚礼鞋。当时称此种图案的绣花女鞋为“晋国鞋”。

在机器生产还未普及的年代，手工制作传统布鞋是家庭妇女最擅长的营生之一。布鞋的制作工具有夹板、鹰嘴钳子、虎头钳子、过板、鞋拔子、扒来子、拐针、锥子、楦子、裁刀、扒刀、修刀、钩子等。传统布鞋按厚薄分为单鞋和棉鞋。按样式男鞋可分为板鞋、牛鼻子鞋、圆口鞋；女鞋有绣花鞋、方口鞋、襻带鞋、高帮鞋等。男子布鞋多为黑面白底，一般不做装饰；

手工布鞋

女子布鞋则有多种颜色，有时还会在鞋面上绣制各种吉祥图案，也叫绣花鞋；孩童的布鞋色彩艳丽，鞋面装饰以猪、老虎、狮子等形象为主。

鞋由鞋底和鞋面（鞋帮）两部分组成。鞋面由袼褙、鞋面布、里衬布合在一起做成。制作程序主要有搓麻绳、裱褙、纳鞋底、缝鞋帮、绱鞋、楦鞋等。裱褙也叫“褙子”，把粗布铺平，刷上用莜麦面粉熬制而成的糨糊，加衬纸一层层叠加粘裱成厚片，通风晾晒十几个小时后，按照鞋面的样式进行剪裁。鞋帮的制作需要用质地好、耐磨的布在褙子两面粘贴，外面一般用颜色鲜亮的绸缎，里面多用白色棉麻布，然后根据脚的胖瘦大小剪出鞋面的形状。如果是制作冬天穿的棉鞋，需要在鞋帮内加入棉絮。

鞋底根据穿着的需要，有皮底、布底、塑料底、橡胶底等。其中布底是纯手工制作的，被称作“千层底”。千层底是一种用三至五层的厚布底叠加后手工纳制成的鞋底，穿着舒适，轻便防滑。千层底的制作方法是：首先用糨糊把三至五层厚布平整地粘在一起，做成“衬子”“旮襞子”。然后将衬子剪成底样，剪的时候要注意齐整，边缘用细白布条包好，最下面垫一层布料，再把三至五个底样一层层叠起来，叠得太少不够结实，太多针穿不过去，这个过程俗称“打毛布底”。“纳鞋底”是最费时费力的一道工序，在毛布底上下两面叠加一两层耐磨的布，先用钢锥打孔，把细麻绳穿在针上，一针一线地纳好，针脚要细密整齐，或是形成由外而内的圆圈，或是横看成垄、竖看成行。把鞋帮和鞋底缝合在一起，叫作“绱鞋”或“上鞋”，鞋帮下缘外折，针脚露在外面为明上，鞋帮边缘内折，不露针脚为暗上。有的地方还要将棉絮缝入鞋底。新鞋做好后，先得打湿新鞋，用木头制作的楦子定型，鞋子才会柔软舒适，不硌脚。平遥的宝龙斋布鞋一直坚持用传统手工艺制作方法，完成一双鞋需要经过近百道传统手工工序，至少要花四五天的工夫。手工鞋底，每平方寸纳 81 针，一双千层底布鞋就需要缝制 2000 多针。一双布鞋不仅是生活用品，更是精美的手工艺品。传统布鞋耐久结实，有的地方称为“踢倒山”“碰倒山”，足见其结实程度。手工布鞋刚开始穿的时候会有些硬，时间长

了，鞋底就会变得柔软，也会更加合脚。

山西保德有一种特别的农田耕作鞋，叫“温鞋”，形如靴子，鞋底多为毛布底，鞋帮上附一截靿儿，穿在脚上，将裤腿装入，再用带子扎住，在田间耕作时就不会湿脚，也不会被蛇虫咬到。阳泉地区，有一种被称作“洒鞋”的千层底鞋，又俗称“一道脸鞋”，即鞋前脸有一字形状凸起。这种鞋结实耐穿，尤其适宜在农田劳动时穿。

1949 年后，我国各地开办了很多布鞋厂，集中大量生产机制布鞋。现在流行的布鞋与传统样式已大有不同，无论在款式上还是颜色面料上，都更符合现代人的审美要求。

一针一线纳鞋垫

鞋垫是鞋的配件，放在鞋内柔软又舒适，是山西民众日常生活、礼仪活动中必不可少的艺术品。小小的一双鞋垫，却蕴含着上千年的历史传承和艺术积累。新疆土垠汉墓出土的汉代麻织鞋，内衬毛布鞋垫；新疆阿斯塔那出土的唐代锦鞋，内有黄色回纹丝织绸垫，这说明至少在汉代，鞋垫就已经出现，发展到唐代，已开始流行有图案的鞋垫。

鞋垫的制作步骤有三个，第一步是打袼褙，即用糨糊把三四层棉布粘在一起，粘的过程中要保证每层平整。第二步是做鞋垫样，把准备好的鞋垫纸样放在袼褙上，用铅笔画出轮

婚礼上的鞋垫

廓，然后裁剪好，在正面粘上干净的纯色底布，比纸样宽一指剪下，宽出的布包住边缘粘在背面，背面再粘上一层底布，边缘用红线或黄线绣好。第三步就可以绣制图案了。

山西妇女绣制鞋垫，有割花、扎花、绣花、挑花、补花等多种方法。割花，就是把两只鞋垫正面对合，中间夹上硬纸板，绣好花样之后把表面的线头用糨糊粘好，再从中间分割开来，就成了一对图案对称的绣花鞋垫。平针绣法最简单易学，即用笔把图案草稿画在鞋垫面上，再用平针直接绣制，针脚要密而匀称，不能露出底面。挑花绣法也叫“十字绣”，即事先在鞋垫面上画上经纬方格，然后依格下针，不能错位，多用十字针法或斜行排列法相组合，绣成一些具有象征意义的图案。

鞋垫的绣制花样有吉祥图案和象征符号两种。鱼戏莲、蝶

恋花、并蒂花开等象征爱情的图样，一般是由未婚女子送给恋人的表白礼物或是由妻子为丈夫制作。龙凤呈祥、鸳鸯戏水、喜鹊登梅、双喜字等则是由婆婆、母亲、姑姑、婶婶送给新婚夫妻的祝贺礼物。在忻州原平等地，还流传着婚礼用的“全鞋垫”民谣:“蛤蟆搬金砖，辈辈都当官；兔兔吃葱葱，来年抱孙孙；剪子铰佛手，扇子扇牡丹；大鞋套小鞋，葫芦倒宝来；时时如节庆，岁岁都有余；事事如意牡丹根，莲花佛手贵长生。”婚房布置中，山西人喜欢把鞋垫摆成圆形放在床上，以象征生活圆满幸福。熊猫、老虎、猴子等动物图案多见于母亲或外婆、奶奶为儿童制作的鞋垫。常见的鞋垫样式还有一些世代传承下来的特殊符号，如象征阴阳相合的“十”字；象征繁衍不息的“卍字不断头”；象征富贵连绵的“如意盘肠”等。此外，文字也常被绣在鞋垫上，有的单纯以文字表达心意，如“天长地久”“白头偕老”“天配良缘”等；有的用文字和花草动物图案组合成新的样式，如“思念”“平安”“爱情”等。山西革命老区的妇女们还经常将绣花鞋垫作为慰问品送给子弟兵，鼓励战士们杀敌立功，保卫祖国。

驱灾辟邪的兽头鞋

兽头鞋是一种童鞋，冬季时内絮棉花做成棉鞋，春、秋两季做夹鞋。常见的造型有老虎、狮子、龙、牛、豹子、猪、

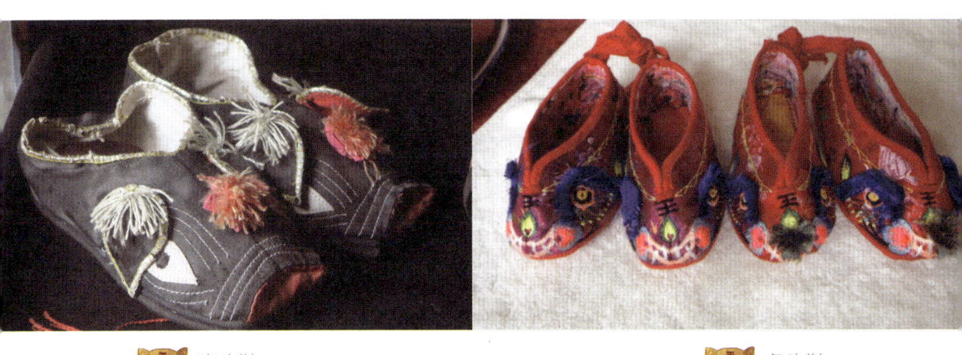

猪头鞋　　虎头鞋

兔、狗、猫等生命力强的动物，取其驱病辟邪、易养易活之意。其中虎头鞋（也叫猫头鞋）最为多见，人们认为虎能震慑鬼魅，驱灾赐福，保佑孩子无灾无病。

民间还流传着关于虎头鞋的有趣故事。黄河岸边有个姓石的船工，免费摆渡过往的行人。有一天，大雨倾盆，一位急着过河给儿媳接生的老太太摔了一跤，善良的船工把老太太搀到屋里休息，替老奶奶请来接生婆。雨过天晴，老太太的儿媳生了一个大胖小子，为表达谢意，老太太给船工送了一张画，画中有一个正在绣虎头鞋的姑娘。此后，每次船工回到家里，总有一位漂亮的姑娘做好饭菜等他。原来，这是天帝的女儿，受天帝之命下凡与船工结为夫妻。后来，船工有了个儿子，取名石虎。此事流传开来，人们艳羡不已。一天，有位心怀不轨的

县官来到渡口，想霸占船工的妻子，仙女立刻回到画中躲避。县官不死心，把画也抢走了。这时，送画的老太太告诉船工，让小虎的姑姑为他做双虎头鞋。小虎穿上虎头鞋后，变得身轻如燕，立刻飞到了县衙。突然，虎头鞋变成了老虎，咬死了县官。仙女看到小虎，便从画中跳下来，二人高高兴兴地回家团聚了。故事中，虎头鞋变成了可以扫除邪恶的神物，体现了民众对老虎的崇拜心理。

至今，山西许多地区仍然保留着为孩子制作兽头鞋的习俗，如太原、晋中、阳泉、运城等地。万荣地区婴儿在过满月、周岁以及生日时要穿戴亲朋好友送来的猫娃鞋、虎头鞋。河东地区的妇女会在过端午节时给孩子做双虎头鞋以驱瘟辟邪。鞋子一般由女性长辈制作，晋南地区讲究“姥姥的帽子舅母的鞋”。兽头鞋的制作工序较多，以虎头鞋为例，首先要缝制鞋底和鞋面，绱出一双完整的布鞋，然后用布料剪出老虎的五官形象，粘贴在鞋面上，再用彩线在虎头的额顶绣“王”字，在嘴边绣或缝几根胡须，还要在脚后跟缝上尾巴。晋南地区还常用兔毛将鞋口、虎耳、虎眼等镶边，红、黄、白间杂，轮廓清晰。不同的地区有不同的装饰方法，有的虎头鞋看起来立体生动，有的威武神气，有的则呆萌可爱。

虎头鞋的颜色一般以黄色、红色、绿色为主。晋南地区讲究男孩子穿红鞋，女孩子穿绿鞋，取意为“红官绿娘子”。太原清徐县讲究男孩子穿老虎鞋时，第一双要穿红色，且只做老虎的眉眼，寓意婚姻早动；第二双为黑色，加上虎脚，表示有好妻运；第三双任何颜色都可以，但要加上虎尾巴，意为完全。

狮子鞋造型威武，意为驱邪祈福；兔儿鞋精巧可爱，寓意敏捷智慧；猪嘴鞋憨态可掬，意为好养、幸福。鞋头上绣着绿色蟾蜍的鞋名为“蟾鞋”，寓意“蟾宫折桂，金钱落地”。在忻州乡村中，还有小猪鞋、小狗鞋等。兽头鞋既实用又美观，还浓缩了家人对孩子的关切和希望。晋北地区也把兽头鞋称为“开眉眼鞋”，当地百姓认为孩子刚学走路时如果连着穿破七双，就会变得聪明懂礼貌。孩子的姥姥、妗妗、姨姨、姑姑都要给孩子做兽头鞋。各地讲究送鞋不少于 3 双，多的有 5 双、7 双，均取奇数。兽头鞋直到现在仍受到人们的喜爱，在许多农村地区，人们还会为孩子手工制作鞋子。但在城市，会做的人寥寥无几，催生了童鞋市场的火爆，特别是造型别致、质量精美的鞋子，受到人们的喜爱。在专门销售民间手工艺品的店铺、工厂，兽头鞋成了民间手工艺品、非物质文化遗产，开始了新的传承之路。

狐皮帽暖三尺：皮帽

皮帽历史久远，上古时期人类就开始“衣毛而冒（帽）皮”了。随着狩猎业的逐渐发展，为了防御严寒，北方民族在制作毛皮衣着的同时，开始制作皮帽。由于中原地区普遍“汉化”，

游牧民族的皮帽子并没有很快流行起来。直到元代，皮帽才开始在中原流行。早期的皮帽全部由动物皮毛制成，后来改进成皮、棉、布结合，兼顾舒适与美观。羊皮、狗皮、兔皮、狐皮均可用来制作皮帽，其中最为常见的是兔皮帽。狐皮最为珍贵，俗语有“狐皮帽暖三尺”。皮帽的结构可分解为帽壳、帽耳及护颈、帽饰几部分。帽壳有圆平顶和圆尖顶两种，圆平顶美观却偏硬，圆尖顶比较舒适自然。帽壳内部填充了大量棉花，以内外两层布包裹起来。两个帽耳与护颈连为一体，缝在帽壳下沿，皮毛在内，棉布在外，中间可加入一层棉絮，平时可以翻折到帽壳上，用带子或扣子系起，寒冷时翻下来，有很好的保暖效果。帽饰是缝在帽壳前面的一块毛皮，主要起装饰作用。山西冬季干冷，尤其是晋西北地区，皮帽可以很好地保持头部的温度。晋北朔州、大同一带是北方游牧民族与汉民族的交汇融合地区，“狐帽”“羔皮帽”等一直都是当地人冬季必备的保暖品。

胡舞白题斜：毡帽

毡帽，即用毡制作的帽子，可用于保暖，常见于西北高寒地区。民间传说有一位农民，发现自家的羊在夜间不断被老虎偷吃，于是就去寻找老虎洞穴，成功打死老虎之后，他在洞里发现了一个又软又暖和的东西，原来是老虎吃掉羊后将羊毛垫在窝里，时间久了以后，被压成了“羊毛毡”。农民便把它带回家做成了帽子，这种帽子就这样渐渐流传开来。

毡帽早在汉代时就已经出现，新疆汉楼兰遗址和罗布淖尔墓都有出土。唐时有用白毡制作的“白题”，三角形状，高顶卷檐，颇受人们喜爱。杜甫《秦州杂诗》有云：“马骄朱汗落，胡舞白题斜。”明清以来，毡帽多为农民及市贩劳动者所戴。有一则古代寓言故事，就是关于毡帽的。一个人在暑天里出门办事，却在头上扣了一顶毡帽。走在半道上，衣服都被汗水浸透了，汗珠不停地往下滚。这人赶忙坐到一棵大树下乘凉，还摘下头上的毡帽扇风。一个过路人问他：“大热天的，你戴顶毡帽，难道不觉得热吗？”他听了，翻了一个白眼说道：“你懂什么！今天如果没有这顶帽子，我一定热死了！”

制作毡帽的匠人称为“毡匠”，在晋北地区，几乎每个村落都曾有过专门的毡匠。在内蒙古托克托县有一个毡匠营村，就是由清末山西毡匠迁徙过去而形成的移民村。毡匠首先要把动物的毛弹匀，加上油、面粉等辅助材料，经过湿、热、滚压等工序，使其黏结为一体，俗称“擀毡”。毡有良好的回弹、保湿性能，大小、薄厚、软硬均可根据需要由擀毡匠进行调整。山西毡帽多用羊毛或羊绒作为主要材料，颜色有黑色、白色、棕色（棕色的被称为“紫绒壳”）。毡帽的样式可分为带耳和不带耳两种。有的还在帽子顶部开一个小口，用来藏物品。

毡帽的独特之处在于，帽体不用一针一线，由整毡制成，自成一体，体现了民间传统工艺的精湛水平。

长治县东和村在唐永庆年间就以擀制毛毡、生产毡帽等羊毛制品而闻名。当时家家户户都有作坊，“一里十个毡毛行”，俗称“帽东和”。这里生产的毡帽既美观大方，又实用御寒，备受群众青睐。

可可爱爱的童帽

成人的帽子以实用、保暖为主，没有精美的装饰和造型，而童帽除了实用功能外，更重要的是其所蕴含的象征意义和装饰作用。一方面，幼儿身娇体弱易生病，佩戴帽子可以免于着凉感冒；另一方面，小小的童帽寄托着父母对孩子的期望和祝福，同时也是一件精美的装饰品，使孩子们显得更加活泼可爱。

山西童帽的样式特别多，从形制上分为无顶帽、有顶帽；从材质上有绸缎、双层布、棉花、毛线等；从造型上可分为花鸟昆虫类、动物类、综合类。花卉造型童帽一般有莲花、石榴、牡丹等。动物童帽比较常见，如老虎帽、麒麟帽、凤凰帽、孔雀开屏帽、狮子帽、熊头帽、狗头帽等。综合类有八仙帽、鱼戏莲帽、莲生贵子帽、“五毒”帽等。童帽以形制和装饰进行性别区分，男孩子佩戴的帽子通常为有顶帽，布料底色

虎头帽

以红色、黄色、蓝色为主，样式选择老虎、猪、狮子、麒麟等瑞兽以及相公帽、八仙帽等；女孩子佩戴的帽子多为无顶帽，布料底色以绿色、红色为主，样式有牡丹、莲花、石榴等。

童帽中最为常见的是虎头帽，山西许多地方都有婴儿过满月时姥姥给做虎头帽的习俗。虎头帽的帽形仿虎头而制，首先用红色、黄色的布料，按照一定的规格、尺寸裁剪好，做成帽子。然后要用黑色、黄色、绿色、玫红色、蓝色、白色、金色等颜色的丝线搭配起来，绣制老虎的各个部位。帽子前额正中绣上“王”字，也有的在前额正中缝上“状元游街”等银质饰品。帽顶上用各色丝线绣出眼睛、眉毛、鼻子、嘴巴，为凸显

童帽

立体感，会在里面填充少量蓬松棉。胡须、睫毛、耳郭、脸颊都将整片的绸缎用针一针针挑散，两边缝上虎耳及各种银饰。有些虎头帽甚至部分或全部用金线盘绣点缀。帽子的护耳，在虎头帽两侧呈弯曲状，抽象模拟老虎的四肢。还有的在帽顶上缝两只老虎，被称作“双虎帽”。把老虎的鼻子做成瓶子的形状，就成为“平安虎帽”。制作一顶虎头帽，最快需要四到五天的时间，样式越复杂，工序就越烦琐，制作的时间也会更长。晋南地区的花帽造型优美，色彩艳丽，绣工精细，帽子上的动物耳朵、眼睛、舌头都能晃动，栩栩如生。

民众认为虎是百兽之王，任何邪魔都要退避三尺。而猫、狗、猪作为最普通的家畜，并无辟邪之义，之所以用它们的形象制作童帽，是取命贱好养活之意，希望孩子能够健康长大。

以牡丹、莲花、石榴等植物为装饰，是人们希望女孩子能够美丽大方，品性善良，一生幸福。

在晋北地区，不仅母亲、姥姥要为孩子送帽子，奶奶、姑姑、姨姨、妗妗都要赠送各色童帽，以表达祝福之情。晋南地区给满月的孩子佩戴虎头帽的习俗通过家庭中的女性代际传承，绵延至今。在山西许多村落中，至今仍然能看到戴着各种童帽的孩子。但总体来说，生活中手工童帽正在逐渐消失，一方面是因为会做童帽的人越来越少，制作工艺渐渐失传，童帽在少数传承人手中成为艺术品、商品；另一方面，手工制作一顶精美的童帽费时费力，通过网络或商场购买更为快捷，同时还有更多的选择空间。

装饰

白羊肚手巾

说起白羊肚手巾，人们首先想到的是陕北高原上扎着头巾打腰鼓的汉子。在黄河对岸的山西，白羊肚手巾也是男子的常见装扮。例如从山西昔阳走出的农民总理陈永贵，虽然已经成为国务院副总理，但仍然保持农民本色，任何时候头上都扎着一条白羊肚手巾，被人们称为“永贵大叔”。

戴着白羊肚手巾的男人

山西地处黄土高原之上，气候干燥风沙大，外出劳作的人们需要随身携带布片来擦拭脸上和脖颈上的灰尘、汗水，后来人们用羊腹部柔软的毛片替代，称为白羊肚手巾。随着纺织技术的提高，人们用羊毛和棉线制成毛巾，虽然原材料已发生变化，但是羊肚子手巾的说法一直沿用下来。另有一种说法是，“羊肚子”指的是羊的器官，包括羊肚、羊胃，针织的白色毛巾看起来和羊肚子一样，所以称为羊肚子手巾。

在山西、陕西等西北地区都有着“白羊肚手巾当帽戴”的习俗。春、秋两季可以抵御风沙，夏天可以防晒吸汗，冬天则可以御寒保暖。手巾的扎法在不同地区也各有讲究。陕西地区一般是将毛巾中心横置于头顶正中间，然后将毛巾平铺，把头发全部包裹住，在扎的时候将两侧多余的毛巾用力向前拧，逐渐将其绕到前额处再顺势打结。山西晋中、吕梁一带，男子一年四季把白羊肚手巾围成圈状绾在头顶。晋西北河曲一带以白毛巾兜包后脑，前额上方打个结。晋东南则头顶粗布，脑后打结，称为“戴首巾”。清徐县许多农民平时都打“瓮沿圈”，即用好几条毛巾拧成圈状，从前到后斜箍在头上，脑前圆光，脑后绾结，头顶露天，形状就像装粮食的瓮口一般，所以俗称“瓮沿圈”。不管哪一种扎法，功能都一样。劳动时可以拦挡汗水流到眼睛里，也可以解下来擦汗，冬天则可以遮耳防寒。

迎接祥瑞的簪花之俗

簪花是一种头饰，即把各色花朵装饰在头上，或插于发髻间，或插于耳后、鬓角上，也有满头簪花者。簪花最常见的是鲜花，尤其是古代妇女多用鲜花装饰头部。此外，还有绢花、罗花、绫花、缎花、绸花、珠花等。

簪花的习俗在我国已有两三千年的历史。山西大同北魏司马金龙墓木板漆画上绘有簪黄花的妇女。唐代已经出现簪花之俗。周昉的《簪花仕女图》形象地再现了唐朝妇女簪花戴彩的情况。至两宋时期，不论男女，上自皇帝，下至“群臣禁卫吏卒”，在节庆仪式过程中“皆簪花”。著名诗人杨万里就写了一首颂圣诗记载当时的盛况，“春色何须羯鼓催，君王元日领春回。牡丹芍药蔷薇朵，都向千官帽上开”。而“四相簪花”的典故，就是指韩琦与王安石等四人，宴饮簪花，插戴了同一枝上的四朵芍药，也称为“金缠腰”，后来都做了宰相的故事。到了明代，簪花习俗逐渐减少，明洪武年间的各类文献和文物少有记录，直到永乐年间，这一习俗的记载才开始逐渐增多。

立春之日，古人会举行迎春活动，其中鞭打春牛，也叫“打春”，皇帝及百官都要参与，所有官员身着朱色衣袍，还必须“簪花迎春”。簪花还可以作为男女之间的信物，如明沈榜《宛署杂记》中记载：“（婚礼）庶民家男女年命合婚，得吉即往相视，留一物示意，簪花、戒指、巾帕之类。”清赵翼《陔余丛考·簪花》中记载：“今俗惟妇女簪花，古人则无有不簪花者。”清代以后，簪花之俗只在女子间流传，人们依节令簪戴不同的花卉。如少女于端午节时簪艾和石榴花。女子新婚出嫁时，簪花更是必不可少的发饰，花朵颜色一般选取红色、粉色等，禁用白色。但在现代西式婚礼中，白色是纯洁的象征，故新娘会用白色花朵装饰发髻。婚礼中，新郎要身穿新衣，帽上簪花，前往女方家迎亲。晋南、晋中等地，在婚礼迎亲仪式上，辞行前女方家要为女婿披红、簪花，即给新郎身上再披一条挽有绣球的大红绸条，从右肩披向左下方，与原来男方家披的绸条相交叉。簪花是在新郎礼帽上插一对金花，新郎先在自己家中往帽子左右两侧插一对金花，到女方家后，再由新娘或岳父在前后两边再插一对，并用丝线缀好。山西许多民间社火表演活动中，女演员也会在头上簪花做装饰。现在人们日常生活中已不再以花为饰，而是出现了发卡、发带等多种多样的饰品。

簪花首先是起装饰作用，女子簪花映衬得面容更加娇丽，男子簪花显得气色更好；簪花还代表着迎接祥瑞，牡丹、芍药、蔷薇都代表着吉祥，人们认为戴在头上可以带来好运。此外，簪花还是一种仪礼象征物，不论是“打春”仪式还是婚礼，簪花之俗都营造出一种特殊的仪礼氛围。

色彩亮丽的方头巾

头巾是女子的头部装饰品，方头巾是指一种正方形、纯棉材质的头巾，边上有一圈流苏作为装饰，从 20 世纪 50 年代至今，北方大部分地区仍然流行。除了装饰功能，头巾还能防风保暖，兼具围巾和帽子的作用。方头巾的颜色多种多样，根据年龄和喜好，老年妇女一般选择褐色、黄色、蓝色等偏暗色系的，青年妇女则会选择红色、粉色、紫色、绿色等色彩艳丽

戴方头巾的妇女

的。方头巾大部分为纯色的，也有格纹图案的，长治地区的妇女还喜欢在头巾上绣一朵小花来装饰。山西农村中的妇女，无论老少，都喜戴方头巾。老年妇女大多喜欢把方头巾沿对角线折叠后，折线一边沿前额向后裹一圈，最后在脑后打个结，就成了帽子，既保暖又不影响干活。天冷时，妇女们把方头巾沿对角线折叠，扎在头上，在下巴底下打个结，既可以防寒，又是装饰物。天气暖和的时候，头巾可以围在脖子上，简单地在胸前打个结，后边呈三角形披开，既可保护脖子又漂亮大方。现在方头巾的使用者多为农村中老年妇女，年轻人更喜欢样式新颖、图案花哨的围巾、帽子。

不忘舅恩的“百岁毛”

“百岁毛”，又称“长命毛”“后扯辫”“舅舅毛”“雀尾巴”。留“百岁毛”的习俗广泛流传于山西大部分地区。由于过去医疗卫生条件的限制，人们为了防止男孩子，特别是独子夭折，在婴儿出生一百天时举行祝贺礼俗，俗称“过百天”。这一天要由祖父为婴儿剃发，在囟门及脑后留一撮头发，叫“百岁毛”，寓意长命百岁。以后每次理发时都要特意在脑后留下一撮头发，越长越好，梳成一根小辫子。有些地方的习俗是把男孩子寄养在舅舅家，所以这撮头发也叫“舅舅毛”，意为不忘舅舅家的养育之恩，直到回父母身边以后才剪掉。有的

留着“百岁毛”的男孩

是等到满 12 岁（有些地方是满 13 岁或 14 岁），完成开锁仪式后才能把辫子剪掉。如《高平县志》中记载：“元辫源于清代，孩子长到 13 岁辫子已经很长了，名圆辫，后来演变成开锁子。”山西祁县的习俗是如果妇女在姥姥家坐月子，恰巧孩子又没有舅舅的，就需要留“舅舅辫”保平安。“百岁毛”就是一种心理暗示，隐含着家长的期望与祝福。现在，孩子更为宝贵，留“百岁毛”的习俗也得以传承下来，人们希望以这种方式保佑孩子平安健康地长大。

锁魂保命的长命锁

长命锁，也叫“寄名锁”“天官锁”，是挂在儿童脖子上的一种装饰品，同时也是山西各地都存在的育儿习俗。长命锁一般由金、银、铜、玉、象牙、玳瑁等材质制成，其中银质长命锁更为常见。一方面，银作为古代通行的货币，使用广泛，取材方便，同时不影响其本身的价值；另一方面，银有杀菌、试毒、辟邪的特性，李时珍《本草纲目》中就记述了银具有“安五脏、安心神、止惊悸、除邪气”等作用。

长命锁的外形一般为圆形、椭圆形，仿古代锁样而制，锁的正面镌刻“长命百岁”“富贵长命”等字样，背面图案则多种多样，如狮子滚绣球、莲花寿桃寓意健康长寿；麒麟送子、五子登科寓意望子成龙；双鱼牡丹、肥猪元宝、刘海戏蟾寓意富贵吉祥。锁下垂几颗小铃铛，用项链或绳带穿入锁档中挂在脖子上，锁垂在胸前，寓意锁魂保命，驱鬼辟邪。

在民间传说中，长命锁来源于钟馗送给外甥的贺礼。钟馗的妹妹生下男婴，却被钟馗发现是野鬼投胎，为了存续妹妹家的香火，钟馗在外甥满月时上门祝贺，给外甥脖子上挂了银锁，在手腕和脚踝上挂了四个开口小圆环，以此来保其性命。从历史典籍的记载来看，长命锁应是由古人佩戴“长命缕”“百索”的习俗演变而来，最早可见于汉代，盛行于明清时期。宋

长命金锁

苏汉臣《长春百子图》中就绘有孩童佩戴项圈形长命锁的形象。《大同府志》中记载：“男子生弥月或周岁，辫红线锁带之。”长命锁“由姥姥制作，刻有‘五世’字样或各种图案缀在下面，以后每年生日那天由奶奶裹上一层，一直到 12 岁仪式完毕”。人们认为小孩子出生后三魂九魄不全，长命锁可以锁住其魂魄。在百日或周岁仪式中为孩子挂上长命锁，意为把孩子的生命锁住，让他能够健康长大。在长治地区，还讲究要把长命锁的钥匙交给姥姥或者干娘保存，这样小鬼找不到钥匙，打不开锁，就带不走小孩子的灵魂，才能保证孩子健康成长。壶关地区要在孩子一周岁、二周岁、三周岁时分别挂一次长命锁，以示吉祥安康、平安如意。在山西榆次还有一种特殊的长命锁，孩子出生后过第一个春节或生日时，由老人们为其买一条红裤带，并以此向高寿老人换一条旧裤带，将其挽成锁儿形，给孩子戴在脖子上，以取高寿和锁住之意。

直到孩子满 12 岁或 13 岁时，正式举行开锁或圆锁仪式，长命锁才算圆满地完成了任务。直到现在，人们仍然保留着戴长命锁的习俗，但其民俗功能逐渐弱化，更多是作为互相赠送的礼品表达心意，同时作为一种装饰品衬托孩子的可爱。

满载情意的荷包

荷包，也称为“香包”“挂兜”，是人们随身佩带的一种装零星物品或钱币的小包，同时也是一种装饰品。根据用途的不同，可分为钱袋、扇袋、镜袋、香囊、烟丝袋等。荷包用料多为棉麻、丝绸，制作形式有刺绣、缂丝、织锦等，造型有圆形、方形、椭圆形、倭角形、葫芦形、石榴形、桃形、腰圆形、方胜形、如意形等。一般用比较结实的棉布先缝出想要的基本样式，在荷包下面缀上挂穗或流苏做装饰，然后在荷包上绣制出精致的图案，最后用绳子束起荷包口，可以防止物品丢失，也可悬于腰间。荷包的图案有蝶恋花、鱼戏莲、凤穿牡丹、麒麟送子、吉祥语、诗词文字等。佩带荷包的习俗自汉代

或者更早就有流传，《晋书·邓攸传》中记载："邓攸梦行水边，见一女子，猛兽自后断其囊。"唐封演《封氏闻见记·降诞》中曰："玄宗开元十七年，丞相张说遂奏以八月五日降诞日为千秋节，百寮有献承露囊者。""承露囊"即香包，此后荷包增加了装饰和礼仪的功能。明清时，荷包也叫"茄袋""顺袋"，清代荷包有大量实物传世。沈从文在《中国服饰史》中写道："清代男子腰带上挂满刺绣精美的荷包、扇袋、香囊等饰物，可算是时髦打扮。"

荷包的使用者不同，图案、造型也各不相同。老年人用的荷包一般绣有梅花、菊花、桃子、苹果、莲花、娃娃骑鱼、娃娃抱公鸡等图案，象征着健康长寿、家庭和睦。年轻人使用的荷包样式和图案最为丰富，除了作为装饰品，荷包也是男女之间表达情感、互诉衷肠的工具。山西民歌《绣荷包》中唱道："一绣一只船，船上张着帆，里面的意思，情郎你去猜。二绣鸳鸯鸟，栖息在河边，你依依我靠靠，永远不分开。"歌中的荷包是女子向男子表露心意的媒介，小小的荷包承载着重重的情意，是有情人之间的定情之物。送给孩子的荷包一般有飞禽走兽类的图案，如老虎、豹子、猴子、白兔、"五毒"等。相传五月五日为恶日，虫害滋生，瘟疫流行。玉皇大帝派治瘟神仙下凡，利用艾草制香袋以避灾免疫。山西许多地区都有在端午节佩带香包的习俗，香包一般由孩子的姥姥和母亲制作，里

荷包

面装有艾叶、蒲草、雄黄等香料，孩子佩带上可以辟邪驱虫，同时也可以展示母亲的绣工。这一习俗一直传承至今，只是现在很少有人自己制作香包，而是普遍选择购买成品。

小儿涎衣围嘴嘴

围嘴，俗称“围涎”“涎水牌”“口水牌”，是常见的儿童服饰，与古代女性服饰中的云肩相似，也被称作“小云肩”。最早可以追溯至汉代，西汉扬雄《方言校笺》卷四提及“繄袼”一词，晋代郭璞标注：“即小儿涎衣也。”唐代敦煌壁画中就有戴着彩色围嘴的“莲花童子”。晚清至民国时期的儿童围嘴有

大量实物留存，我们可以亲眼观赏古代儿童服饰的精美。

围嘴的主要功能就是隔绝孩子的口水。用厚质布料缝制成垫子，领口为圆形，四周向外延伸十几厘米，围在孩子的脖子上，使下巴接触的部位保持干爽，不仅可以让宝宝感觉舒适，而且还可以减少换衣服的次数。围嘴有多种样式，有的围嘴是长方形或半圆形，用带子系在脖子前面；有的围嘴是圆环形、莲花瓣形、十字花瓣形、梅花形，口水打湿一片，就转动一下；有的做成老虎、青蛙、牛等样式，孩子戴着就像肩上卧着一只小动物，十分可爱。做成老虎样式的围嘴就叫作虎围嘴，姥姥在满月、百天、周岁时会手工制作送给孩子。围嘴的制作材料

围嘴嘴

为绸缎和棉布。制作时用绸缎作面，下面衬上三四层细布，粘在一起，然后剪裁成想要的形状，缝好边以后，就可以在围嘴上用各色丝线绣制鲜艳漂亮的图案。常见的图案有莲花、梅花、蝴蝶、蜘蛛、凤凰等，有的还会在围嘴边缘缀上一些小荷包、虎头铃、压胜钱之类的装饰品。男孩用的围嘴，常绣有双虎对头、双狮对头、五福捧寿的图案；女孩用的围嘴，则绣上五蝶捧花、五莲坐子、五鱼戏莲等图案。给孩子戴围嘴的习俗一直延续至今，但人们不会再花时间和精力去精工细绣那么漂亮的图案。

特殊服饰

扎红保平安

红色象征着喜庆、正义，人们认为红色能够驱邪避灾，本命年、逢九年穿红是中国人自古以来“崇红”心理的体现。

“本命年”就是十二年一遇的农历属相所在的年份，俗称属相年，如属猴，每逢猴年即为本命年，即年龄在 12 岁、24 岁、36 岁、48 岁、60 岁的那一年。传说每一年就有一位“岁神”轮值，当值的岁神就是“年太岁”。古有“本命年犯太岁，太岁当头坐，无喜必有祸”的说法，因此民间把“本命年”叫

红腰带

作“坎儿年”“命犯太岁”。人们认为逢本命年时，生肖守护神要去天庭述职，对人的保护就会减弱，妖魔邪祟就会乘虚而入，使得人们在“本命年”里遭遇厄运，甚至会有血光之灾。若个人生肖与值年太岁相同，即是冲太岁或犯太岁，会破财，招小人，诸事不顺，多厄运横祸，招惹祸端。

晋南地区流传着这样一个传说，刘秀奉命清剿王莽的残余势力，凯旋时途经闻喜县，便慕名前往相传为舜帝“董父豢龙”的董泽湖，不想天色将晚，路遇劫匪。而刘秀恰好带了很少的随从，慌乱中，刘秀独自杀开一条血路，落荒而逃。劫匪紧追不舍，刘秀逃至一农舍，恰遇一老人急中生智将他藏入茅厕中。晋南的民居小院，都是一家男女共用一厕，但凡有人如厕时，就在厕门上挂个东西，以防尴尬。刘秀藏入厕中后，老人忙从屋中取出女儿的红腰带挂于厕门，就这样骗过劫匪救了刘秀。东汉建立后，刘秀便号令天下，每年的农历十一月十五日人们都要佩带红腰带，以示纪念。红腰带自此以后有了避灾的作用，并渐渐演化出本命年系红腰带的习俗。

每到本命年时，山西各地民众都有“扎红”的习俗，不论大人小孩，都要穿红内衣、红袜子，系红腰带，以趋吉辟邪。保德地区流行在本命年时穿红主腰子（背心），认为可以逢凶化吉，转变运气。红色内衣、内裤一定要由父母、爱人或好友赠送，不能自己购买，不然就会失去辟邪的功效。每逢春节，市场上有售“吉祥带”“吉祥结”的红黄绸带或是简单的一条手编红绳，逢本命年的人们将之系在腰间、手腕上，等到本命年结束才能取下。成年人为了省事，大多只系条红腰带，穿双红袜子，女士们在手腕或脚腕上戴条红绳，但孩子们不仅要穿红内衣、袜子，有的还要穿上红秋衣、红秋裤。虽然时代变迁，人们仍然愿意遵循这一习俗，以此为家人祈求好运。

“逢九年”指的是人的年龄正逢数字九的倍数，如 27 岁、36 岁、45 岁等。人们认为“逢九年”多灾多难，轻者生病破财，重者有性命之忧。红色被注入了驱邪避灾的功效，所以人们从 18 岁成年后开始，直到过了 81 岁，每一个“逢九年”都要穿红色衣物来躲避灾祸。在“逢九年”之前，准备好红内衣、

红腰带等，过年的时候就可以穿上。一般人们至少会穿过整个正月，有的人甚至会穿一年，也有的人不仅穿红内衣，还会穿红色的外衣和鞋子，以祈求“逢九年”平安、顺利度过。特别是从36岁（四九）以后，每次逢九都要穿红背心、红裤衩，系红腰带。晋北地区百姓讲究穿红腰子，认为可以辟邪。大同地区讲究36岁、45岁特别需要注意穿红腰子、系红裤带，以防邪气逼人，一般不去危险之地，尽量不去参加白事，不见棺材，不看出葬，不入白房。“逢九年穿红”的习俗在山西仍然盛行，很多人相信穿红可以帮助自己逢凶化吉，保佑平安。

红红火火的婚服

汉族婚服的源头可上溯至三千多年前的周代，礼服崇尚端正庄重，男子着爵弁玄端，上衣为玄色（黑中扬赤），象征天，下裳为纁色（浅红），象征地，穿赤色鞋履。女子着纯衣纁袡，上衣下裳、鞋履、大带均为玄色，取专一之意，用黑色丝带和发笄束发，以纱罗遮面。唐代婚服崇尚华贵、精致、多彩，女子出嫁时要穿青色连裳或襦裙，饰以金银琉璃等钗饰，男子则着绛色公服亲迎。宋代男子着九品青色公服，富贵及仕宦之家女子着销金裙或大袖长裙，改用凤冠和青色霞帔。明代男子穿深衣或青绿色九品官服，女子穿红褙子、红罗裙、大袖衣，配

贾家庄民俗博物馆展出的婚服

霞帔及戴凤冠，俗称“凤冠霞帔”，婚服图案因等级、身份不同而异。明代婚服成为我国以红色为主的传统婚服形制。清代汉族女子婚服沿袭明代凤冠霞帔制，可概括为凤冠霞帔、云肩、褂裙及红盖头。汉族男子着装简化，开始用红色马褂充当婚服。民国时期女性婚服经历了由传统至西化再到中西结合的转变，既有传统婚服搭配西式头纱，也有改良红色旗袍，还有中西合璧式婚服。20 世纪 50 ～ 70 年代，婚服讲究简单朴素，主要是军装、中山装甚至是日常穿着的衣物。

改革开放以后，西式婚纱再次成为婚服之一，许多人选

择穿着洁白的婚纱拍摄结婚照。但在相对落后的农村地区，新娘婚服喜红忌白，女子出嫁，不论冬夏都要穿大红色棉袄、棉裤，寓意以后的日子富裕厚实，头上盖着红盖头，也叫“遮头红”“蒙头红”，脚穿红色绣花鞋。晋中、晋南等地，新娘要穿明制婚服“凤冠霞帔”，头戴凤冠，身穿蟒袍，腰扶玉带；新郎则头戴礼帽，身着长袍，外套马甲，斜挂红布、红花，民间有谚语：“新婚胜如小登科，披红戴花煞似状元郎。”两位新人的内衣、袜子都要穿红色，还要系红腰带。

现代婚服已没有了以前的诸多禁忌，新娘的婚服主要有西式婚纱、礼服、旗袍、汉服、秀禾服、龙凤褂；新郎的婚服则主要有西装、中山装、传统长袍马褂。婚纱的传入是在民国时期，以白色为主，但在一些观念比较保守的地区或家庭中，新娘忌穿白色婚纱和粉色婚纱，而是选择大红色婚纱。大红色旗袍也是新娘最常见的婚服之一，因其剪裁修身，行动方便，又是中国传统服饰，受到人们的喜爱。秀禾服上衣为立领或圆领，对襟或右衽大襟，宽袖肥裳，下服是根据清朝马面改造的裙子。秀禾服并不是传统中式礼服，而是电视剧《橘子红了》中女主角秀禾的服饰，后来逐渐成为中式婚服的代称。龙凤褂又称裙褂，明代时已出现，近代广东人多穿裙褂出嫁，后传入山西，成为山西现代婚服之一。上衣为对襟立领，袖长七分，下裙为筒裙，装饰裙门、流苏，颜色以红色为主，但也有

新中式婚礼的婚服

金色、银色等。裙褂上的图案多以龙凤为主体，装饰以喜字、荷花、蝴蝶、鸳鸯等。随着中式婚礼的复兴，还有人以传统汉服作为婚服。山西现代婚服的多样性增加了，却缺少了一种独特性。

在婚礼服饰中，婚鞋也有许多讲究。旧时由新娘自己亲手绣制红色绣鞋，上面用龙凤、牡丹、鸳鸯等象征婚姻美满的元素做装饰。在现代婚礼中，新娘的婚鞋一般选择红色高跟鞋。新郎去接亲时，新娘的好友会把婚鞋藏起来让新郎寻找，俗称“藏鞋”。出嫁时讲究婚鞋不落地，怕带走娘家的福气，出了门就要由哥哥或新郎背着或抱着，到了婆家才能下地。婚礼结束后，婚鞋不能再穿出门，只能留在家中压箱底。旧时新郎的婚鞋必须由新娘亲手制作，现在只要是新鞋即可。

以服饰显亲疏的孝服

孝服也称丧服、成服。中国古代丧服自周代以来均取白色，原因在于古代讲究五行之道，西方为白虎，是刑天杀神，主肃杀之秋，白色也因此成为死亡、凶事的代表色，“丧事”又称为“白事”。黑色也是丧服的常用色，在现代遗体告别仪式中较为常见。对于黑色丧服的最早记载来源于《左传》中的秦晋崤之战，正在服丧期间的晋襄公为避免白色丧服行军不吉利之讳，把白色的孝服染成黑色，晋军大胜后，“遂墨以葬

穿黄色丧服的儿童

文公”，晋国从此以黑色衣服为丧服。

孝服是死者的儿孙、晚辈亲人在丧葬仪式上穿的特殊服装，根据与死者关系的远近、辈分，丧服分为不同的种类和样式。古代丧服有五服制度，按服丧重轻、做工粗细分为五等：斩衰、齐衰、大功、小功、缌麻，其中以斩衰为最重。血缘关系越近，服制越重；血缘关系越远，服制越轻。丧服制度稳定地传承至今，仍然在民间社会的人情往来中起着重要作用，只是丧服的形制逐渐由繁到简。

山西孝服讲究披麻戴孝，用白色的粗布或麻布制成，不能精工缝制，而是要粗针大线，毛边外露。头戴白布孝帽或麻冠，身穿白孝袍、白孝裤，系麻辫，脚穿白鞋，从头到脚都戴“孝”，是死者的子女需要穿的重孝，也称“全孝”。若死者有曾孙（重孙）辈，则他们的丧服用黄布，腰系红布条，玄孙辈则丧服全为红色。关系较远的晚辈亲戚只戴孝帽，不穿孝服。

孝服的样式和讲究在山西不同地区有或多或少的差别，如晋南地区孙、甥之辈穿孝服，孝帽上要缀红布长命絮，芮城男子头戴菱角帽，女子头戴没檐帽，身穿白长袍。太原市郊要将白布往中对折成两层缝起来，中间部分围成个帽圈，剩余部分二尺多长拖于脑后，在帽后缀两条飘带，如果死者是男性，左边飘带要略短，女性则右边飘带要短一些，俗称“拖拖”；帽前缝一块白布，哭时放下遮面，俗称“掩色”。浑源要头戴纸麻冠，冠上两道麻辫，麻冠两侧各系一个“打泪弹”（小棉球）。左权男子孝帽为尖顶，女子为六角平顶。大同丧俗皆以麻括发，家人裂布裹首、幔鞋、缝制孝服，亲戚不分远近，皆裂布戴孝帽、幔鞋，称“头脚孝”。临县孝服要从头到脚一片白，碛口等地在孝衫上要背块布，用一些哀词表明孝子身份，称之“哀单”。历山习俗是戴孝布，按血缘关系的亲疏有长有短：最长的与棺材的长度一样；最短的大概是一尺五寸到一尺九寸。戴长孝的男子要用麻把孝布系在头上从后面披下去，腰里也要系麻；女子则是把孝布像帽子一样绾在头上，还要在耳环上戴小白线绦子。

丧鞋，也叫“孝鞋”，与丧服一样，有轻重远近之分。如果父母均已去世，儿子的孝鞋要用孝布把鞋子全部糊起来，若有一方健在，需要留下后跟部分。出嫁的女儿，如果公婆尚在，也要留下脚后跟部分。旁系亲属和孙子辈的只需要用孝布

丧礼上的人们

把鞋头糊住。丧礼未结束前，不能自己撕下鞋上的孝布，要任其自己脱落，否则会被视为“不孝”。也有的为了方便，购买一双纯白色的鞋子作为孝鞋。

增福添寿的寿衣

寿衣，也叫“送老衣”“老时衣”“老衣裳”“装裹”，是人去世后所穿的衣服，称为寿衣是寓意健康长寿。早在唐宋时已出现做寿衣的习俗，明清时期更加流行。山西各地讲究要在老人尚未断气前换好寿衣，因为死者身体僵硬以后很难换衣服。寿衣包括单衣裤、夹衣裤、棉衣裤、棉袍或棉大衣、鞋、袜、帽子。衣料一般选用较好的丝绸、棉布和棉花，而忌用缎子，因其谐音为“断子”，样式为中式且不配纽扣，只用带子。寿衣的数量取单数不取双数。讲究有五领三腰，五领就是：衬衣、夹袄、棉衣、罩衣、棉袍；也有三领的，包括衬衣、棉衣、罩衣；三腰就是：衬裤、棉裤、罩裤。不论冬夏，寿衣都必须有棉衣，这是害怕死者在阴间受冻，忌用兽皮、毛料制作，怕来生会变成兽类。如果是女性，要选择红色、绿色、紫色、青蓝色等艳丽的色彩，男性则选择黑色、蓝色、褐色的布料。死者替换下来的衣服，平鲁、沁县等地讲究放在房顶，待下葬后烧掉或任其日晒雨淋，以驱除不祥。穿寿衣时讲究不能哭，泪水不能落在死者身上。

老人去世后穿的鞋子叫作送老鞋、寿鞋。旧时寿鞋必须是布底布面，底上镶莲花，表示脚蹬莲花，俗语有“脚蹬莲，上西天”的说法。鞋面上绣有莲花、仙鹤、天梯、寿字等图样，男鞋一般为黑色，女鞋为红色。

山西人讲究在老人过60岁或70岁的生日前，儿女们要为老人缝制寿衣。有的地方讲究在闰月年里准备寿衣，取闰余成岁，增福添寿之意。衣服必须由女儿、媳妇购买制作，花费由几个子女均摊，在过去，老人会自己选布料，亲自动手缝制寿衣，现在为了省事，直接量好尺寸由店家制作。如果老人还能自己活动，子女们会让老人亲自去挑选棺木（也叫“寿材”）与衣服的材料，上了年纪的老人对此并不忌讳，反而认为这是一件高兴的事情。做枕头时，不完全缝合，前面需要留一小口，取没有终结之意。寿材与寿衣质量的好坏，做工是否讲究，除了反映经济条件之外，更重要的是成为衡量儿女孝心的一种方式。

独具特色的回族人衣着

山西境内约有6万回族人，回族也是山西人数最多的少数民族，主要分布在太原、大同、长治、晋城、临汾、运城等地。特别是长治一带，有规模较大的回族人聚居社区。回族人通常把服饰称为“衣着”“穿戴”，既保留着本民族的服饰特点，

又受到了汉族服饰文化的影响。回族男子的穿着与汉族男子没有太大区别，特点是要戴无檐小白帽，亦称“礼拜帽”。礼拜帽以白色为主，也有灰、蓝、绿、黑的纯色帽子，以及带有伊斯兰风格花边或图案、文字的帽子，如星月图案、阿拉伯文的“真主至大”“清真言”等。礼拜帽分春、夏、秋、冬不同的季节和场合、喜好来佩戴，一般春、夏、秋季戴白色帽较多，冬季戴灰色或黑色。新郎多戴红色帽子，以示喜庆。礼拜帽一般用的确良、涤卡、棉布等布料制作，也有用白棉线钩织的，黑色多用平绒、毛毡、毛线、牛羊皮革等材料。

回族妇女的传统服饰以青黑色大襟衫袄为主，年轻女子喜欢在衣服上嵌线、镶色、滚边等进行装饰，有的还在衣服的前胸、前襟处绣花，色彩鲜艳。回族女装都是右边扣扣子，纽子是自己用料子制作的。年轻女子喜欢穿鞋头上绣了花的鞋子和袜底绣花的袜子。回族妇女有戴盖头的习俗，未婚少女一般梳辫子，可以不戴头巾或戴绿色头巾，已婚妇女要盘头戴黑色头巾，老年妇女戴白色头巾，盖住头发、耳朵、脖颈。回族妇女的“盖头”，选用丝、绸、纱、的确良等布料制作。在样式上，老年人的盖头较长，要披到背心处；年轻女子的盖头比较短，前面遮住前颈即可。回族妇女还喜欢在盖头上嵌金边，绣风格素雅的花草图案，看上去清新、秀丽、明快、悦目。如今随着时代的发展，有些青年回族女性的盖头也有了一些样式、色彩上的变化，显得更加活泼和大方。

时髦的晚清晋商服饰

明、清两代是晋商的鼎盛时期，至晚清时期，晋商服饰呈现出自身的特点。晋商作为一个特殊的群体，既有着以衣饰迎合顾客需求的“俗气”，又有着敢为人先、随机应变的“勇气”。晚清晋商服饰不仅是一种服饰民俗，更代表着一种廾放包容的文化精神。

晋商曾经具有极大的影响力。晋商群体与普通民众相比更

展出的晋商服饰

晋商老照片

注重服饰的体面，用服饰来体现自己的身份与特征。晋商东家和掌柜的服饰一般都比较讲究，伙计的服饰则因行业不同而各有特色。如票号、典当行、珠宝行、绸缎庄等门店，顾客多为地方权贵或文人雅士，上自东家、掌柜，下到跑堂、伙计，为了迎合顾客的喜好，都特别注重仪表，穿绸缎做的长袍马卦，打扮整洁时髦。经营家具日杂、粮油买卖的伙计以短打扮为主，整洁精干即可。太谷曹家商号的伙计，要求衣服上不能有口袋，以防夹带财物。

晋商经常往返于不同地域之间，思想较为开放，接受新鲜事物也特别快，不断把外地的服饰风俗带回故乡。特别是在晋中、太原等地，晋商云集，繁华富庶，民众穿着打扮的时髦程度不亚于北京、上海这些大城市。山西祁县乔家声名远播，乔家映字辈当家人乔映霞就早早地把长袍、马褂、瓜皮帽换成了西装、礼帽、皮鞋、文明棍的西洋装扮。乔家女眷们也早早由月襟大袄、过膝长裙换成了西装、长筒丝袜、开衩旗袍。从著名影视剧《乔家大院》中就可以领略到当时晋商的时尚衣着。晋商对红色有着特殊的喜爱，过年、生子、嫁娶、开业都会用红色的服饰来寓意鸿运当头、生意昌隆。特别是外出经商时，用一根拴在腰间的红绳寄托平安归来的祈愿。

精美绚丽的表演服装

山西是中国戏曲发源地之一，堪称中国戏曲的摇篮。早在北宋时期，山西南部已有杂剧出现，戏台遍布，演出异常活跃。杂剧中的演员已有行当之分，出现副净、副末、装旦、装孤、引戏等角色，并有了相对稳定的服饰和装扮。到元代，在角色搭配、服装道具、乐器伴奏、剧目曲牌等方面都更加复杂细腻。晋剧传统服饰是指晋剧舞台上演员所穿戴的服饰、鞋帽的统称。如蟒、靠、褶子、裙、冠帽、鞋靴等。服饰的面料，一般有呢布、斜纹布、洋缎、大缎、软缎、麻布、缂丝等。服饰纹样最常见的有动物、花卉，如龙纹、凤纹、麒麟纹、牡丹纹等，还会用一些特殊符号纹样装饰，如八卦、卐字流水纹等。不同的装饰、不同的服饰用来体现不同戏剧人物的性格和身份。戏剧演出能否博得人们的喜爱，除了演员的唱功、表现，服饰是否精美也起着重要作用。

20 世纪 90 年代初，稷山县张广新办起了专门生产古装戏剧鞋帽的家庭作坊，把稷山传统戏剧鞋帽制作技艺传承至今。2014 年，稷山传统戏剧鞋帽制作技艺还被列入山西省非物质文化遗产名录。张广新成为省级非物质文化遗产代表性传承人。戏剧服饰有独特的艺术风格和特点，样式众多，装饰华丽，图案精致，特别是戏帽，制作工艺复杂。不同的戏剧人物

戏剧服饰

需要戴不同的戏帽，其品种有沙王帽、相帽、罗帽、帅盔、紫金冠、凤冠等。硬盔用纸板镂刻成花纹，背衬铁纱及硬纸，用“火烙铁”烙成帽形，把麻纸用糨糊一层一层裱十张左右的纸片，晒干画图后用小刀裁下来，再用骨胶、铁纱组合起来，一片一片组成形状。然后上胶、沥粉、上油漆、贴银箔、点翠，最后装上绒球、空心珠之类的装饰品，造型就完成了。软巾用布叠成，帽面大多用金银彩线装饰成刺绣纹样再进行上胶、沥粉、贴箔、点翠、插绒球、配广珠、挂须穗而成。传统鞋、

长治秧歌表演

靴制作要选择优质布料，分别做好靴帮（桶）和鞋底，用麻绳纳在一起，把增高的鞋底粘上，在头部绣上花纹。戏剧表演服饰的制作工序严谨，环环相扣，仅头盔类就有80多个品种，制作流程一般有26道；鞋靴类品种有30多种，制作流程至少有13道。

除了戏曲服装，山西许多地方的民间小戏、社火活动中也有一些独特的表演服饰。如左权小花戏表演中，扮演男青年的演员身穿白色、蓝色长袖衫或无袖马甲，下身穿红色、蓝色或黑色的阔腿裤；扮演少年或儿童的男演员，要穿红肚兜，扎上冲天小辫，以表现孩童的幼稚可爱；女演员一般把头发扎成单辫或双辫，头戴颜色鲜艳的花朵，上身穿传统的斜襟花衣，有的腰上还要系上黑色的小围裙，裤子或与衣服同色，或与衣服形成强烈的色彩对比，脚穿黑色方口布鞋。总体而言，小花戏的表演服装以色彩亮丽、飘逸灵动、活泼大方为基本风格。抬阁、竹马等社火表演中，演员们身着经过改造的戏曲表演服饰。舞龙、舞狮、锣鼓等表演中，一般都是穿红色或黄色的短打演出服。表演服饰与日常生活服饰不同，作为表演的辅助道具，材质上多选择质量一般但价格较低的面料，颜色上力求鲜艳夺目，还加上亮片、绒毛、花朵等做装饰，造型上飘逸灵动或夸张有趣，根据表演内容的要求来定制服饰。

居住民俗

居住民俗是指一个区域内的民众在选择居住方式、建造居住场所等活动中创造、享用和传承的风俗习惯，包括住房类型、建造仪式、禁忌信仰等。在居住民俗的创始期，“上古穴居而野处”，人们利用自然空间，采取穴居方式，窑洞一直是山西民居的一种重要形式。农业生产出现后，生产力水平逐步提高，出现了土木、砖石结构的房屋建筑，如半穴居式的窑洞、砖石平房。唐宋时期，随着时代的发展和经济的繁荣，山西民居逐步有了木结构、砖瓦结构的建筑。明、清两代，山西民居建筑发展进入了鼎盛时期，晋中、晋东南等地现在依然保留着大量比较完好的明清民居建筑群。随着时代的进步，人们对住宅的要求越来越高，除了满足遮风挡雨的基本需求外，还融入了审美、风水、信仰、等级划分等观念。居住民俗集中体现了当地民众的传统观念，是对地方民俗的集中展示。房屋布局、建造仪式一般遵循阴阳风水信仰观念，房屋使用权的分配体现的是传统伦理和等级制度，砖雕脊饰、窗棂家具展示了民众的审美追求和思想观念。

山西民居建筑在历史发展过程中，受到自然地理、气候条件、经济水平、历史文化、风俗习惯等多重因素的影响，形成了不同区域、不同风格的民居类型。山西民居总体上来说是“北窑南房”，同时因地制宜，山地住窑洞，平川盖平房。山西东部的太行山脉，多为土石山体，故多就地取材建造砖石住宅。山西西部的吕梁山脉，以黄土丘陵为主，土质黏性好、强度高，加上气候干燥，因此当地民居广泛采用窑洞式住宅。晋北地区气候干旱寒冷，温差较大，以砖木结构及御寒性强的厚土坯房为主，正面多木桩式满面开窗，以获得更多的采光条件。晋西北民居主要有两种：窑洞和重檐木楼。晋中地区的民居以四合院为主，院落由大门倒座、过厅、垂花门、正屋及各院厢组成，整体呈南北狭长形状。晋东南地区住房类型较多，有楼房、瓦房、砖房、平顶房、窑洞等，最常见的是二到三层的楼房式合院，一层作为居室，二层用来存放粮食、杂物。晋南民居以土木、砖木结构的建筑为主，平陆县、芮城县、闻喜县等丘陵地区则以“地窨院”较为典型。

大院

大院是指明清时期山西境内的一批具有特色的北方合院式民居建筑，主要分布在山西中部的太谷、平遥、祁县、介休、榆次以及阳泉，晋北的保德、大同、浑源，晋东南的沁水、阳城，晋南的临汾、襄汾等地。山西大院民居以四合院、三合院为基本形制。四合院是指在院落的四周建造房屋，使院落围合成相对封闭的空间，以“四大八小”形制为典型代表。晋东南地区也称为“四大、四小、四厦口”。院落设计东西方向短而南

北方向长，因此也被称为“窄院民居”。北方为正房，宽敞明亮，冬暖夏凉，由家主居住，东屋次之，再次西房，山西有“有钱不住东南房，冬不暖来夏不凉”的谚语，南侧的房屋叫“倒座”。四个角上的耳房一般是用来存放粮食、工具、杂物的。西南角一般是厕所，院门多开在东南角。三合院也叫“簸箕院”，三面建房，一面敞开，大门开在南向中央。多个四合院、三合院串联成的院落群被称作“棋盘院”，由前后左右几进院落组成，院落间以甬道相连，布局严谨，秩序井然。山西

常家大院

大院体现了社会制度、价值取向、地方习俗、建筑艺术等多方面文化内涵，其特点在于：一是外墙高，具有很强的防御性、封闭性。二是院落格局、空间布置融入了传统伦理思想和风俗观念，如房屋以单坡顶为主，使雨水流向院子内部，以契合“肥水不外流”的观念。三是因地制宜，院落多为东西窄、南北长的长方形。

六合双喜的乔家大院

乔家大院又名在中堂，位于晋中市祁县东观镇乔家堡村，占地面积 10642 平方米，是山西大院建筑的典型代表。乔家大院是晋商乔氏家族的祖宅，规模宏大，从 1756 年开始修建，到 1937 年抗战全面爆发停止建设，由乔家几代人耗时 181 年成就了如此的规模。乔家大院共有 6 座大院，20 进小院，313 间房屋，整体院落呈“双喜”字形，取“六合”、顺利、圆满之意。“老院”有主楼、偏院和书房等建筑，属于“里五外三院”的规制，具有墙壁厚、窗户小、坚实牢固等北方住宅的典型特点。乔致庸后又兴建了“明楼”和两座横五竖五的四合斗院，乔家大院的基本格局大致形成。乔家大院集中体现了我国清代北方民居建筑的独特风格，具有很高的建筑美学和居住民俗研究价值，被专家誉为“清代北方民居建筑史上的一颗明珠”。

从整体布局到细部装饰，乔家大院较完整地勾勒出了山

西居住民俗。院落的整体布局上体现的是“天人合一”的风水观念和严谨有序的伦理思想，大院主要建筑有主楼、门楼、眺阁、更楼等，功能完备，分区明确且规划巧妙。北侧的一院、二院为长辈居住，房屋较高，南侧三院、四院、五院相对低矮。采用了典型的“里五外三穿心楼院”形式，即里院的正房、厢房都是五开间，外院的东西厢房则为三开间，里外院之

乔家大院

间设从中间穿过的厅相连，倒座、正房与过厅全部都是二层的楼房。院落都是正偏结构，正院是主人的居住空间，房屋高大，采用出檐的瓦顶，建筑等级最高，装饰最为华丽。偏院则是客房、用人住室及灶房，建筑较为低矮，既体现了伦理上的尊卑有序，又使院落参差错落，极富美感。一正两厢是每个院子的基本形式，正房由长辈居住，厢房则是小辈的居所。大院小院、正院侧院相互联系，形成富有变化的院落组群，呈现出合理的空间位序。大院外墙有四五层楼高，留有掩体和观望口，屋顶上铺设有道路，设有单独的更夫楼，方便守夜者，有较强的防御功能，可以抵御流寇和土匪的骚扰。大院的边房屋顶多采用内向单坡顶，合“水不外流”之意，积水汇入暗渠后方可排出。门不能对门，水也不可对水，所以其下水道同样不能在一条线上，而是左右相绕成“绕门渠”，寓意“门前渠水绕，财源滚滚来”。

巧夺天工的建筑装饰也是乔家大院的价值所在，主要体现在木雕、砖雕、石雕装饰上，不同材料、不同制作技艺、不同主题造型，整合在同一个建筑空间内，展示出了独特的艺术效果，也体现出了人们的民俗心理。南北六个大院，院内砖雕、木刻、彩绘，到处可见。木雕多用于门罩镂空装饰，骨梁架构装饰和垫板装饰以及外檐部位装饰，窗棂和屏罩等部位的装饰。砖雕一般出现在墙面影壁、屏罩、门楣、屋脊、扶手栏杆

等处，如大门正对面的影壁上有精工雕刻的“百寿图”，是由清代名臣祁寯藻所写。一百个寿字无一雷同，每个寿字各具形态。百寿图照壁顶上刻有卍字拐，与下面百寿图结合在一起名为“百寿无疆”。石雕多见于门墩柱础，如五院门墩石础为“金狮白象”“马上封猴（侯）”“燕山教子”。

中国民间故宫：王家大院

王家大院位于山西省灵石县静升镇，由王氏家族经明、清两朝，历300余年修建而成，包括五巷六堡一条街，总面积达25万平方米。王氏家族鼎盛于清康熙、乾隆、嘉庆年间，大兴土木，营造室第、祠堂，开设店肆、作坊，还在当地办有义学，立有义仓，修桥筑路，蓄水开渠，赈灾济贫，捐修了文庙学宫。民国初年，王家店铺仍然遍布晋、冀、京、津等省市。直到抗战爆发，大院人去楼空，逐渐衰落。

王家大院建在背阴抱阳的山坡上，风水极佳，采用了砖石窑洞式设计，夏无酷暑，冬无严寒。王家大院的建筑格局，继承了中国传统的前堂后寝的庭院风格，恪守封建宗法礼制中尊卑贵贱有等、上下长幼有序、内外男女有别的理念，88座院落无一雷同，各有千秋，是山西传统晋商大院的典型代表。高家崖建筑群大小院落35座，房屋342间，主院敦厚宅和凝瑞居皆为三进四合院，每院除祭祖堂和两厢的绣楼外，还有各自的厨院、塾院，并有配套的书院、花院、长工院、围院（家丁院）。院落间既相互连接，又自成一体，给人以院内有院、门里套门的迷宫式感受，上下左右相通的门多达65道。红门堡建筑群，依山而建，从低到高分四层院落排列，左右对称，中间一条主干道，总体结构形成一个“王”字，又附会着龙的造型。王家大院民居建筑实现了居住功能和社会功能的完美结合，集中体现了明清时期晋商文化的建筑技术发展及建筑艺术特色，是明清民居建筑的集大成者，被誉为“华夏民居第一宅”“中国民间故宫”。

王家大院

坚不可破的湘峪古堡

湘峪古堡，位于晋城市沁水县，也被称为“三都古城”，由明朝户部尚书孙居相、御史都堂孙可相、四部首司孙鼎相三兄弟建造而成。古堡东西长 280 米，南北宽 100 ～ 150 米，依山而建，分为内城和外城，城内主要建筑被东西向两条街和南北九条巷道有序分割。古堡之名来源于它强大的防御功能，古

湘峪古堡

堡建在湘峪河北侧的陡坡上，城堡外围有护城河，堡内建筑随地势层层递升。古堡四周有高大的城墙合围保护，墙砖是用鸡蛋清和糯米黏合在一起，非常坚固。城墙上有箭垛、瞭望塔、藏兵洞等，其中藏兵洞是多层走廊式和串联式兵道相结合，将防御工事、兵营、军需仓库的功能合为一体，另外还有一套完整的供水系统。传说李自成曾多次兵临古堡，七天七夜也未能攻破城墙，铩羽而归。

湘峪古堡中最富特色的建筑是“双插花”院落，状如中国古代双插花官帽，中间正房高三层，左右厢房却有四层，显得独特而活泼，也体现了房主期望官运通达的人生诉求。古堡内最高建筑是五层的“看家楼”，也叫“瞭望楼”，是全国明代留存至今的建筑中最高的一栋。城内路面用石磨盘铺地，五纵三横的街道均由“丁”字形构成。古堡中的民居有“大男院”“小男院”“帅府院”“金库院”“绣楼院”“书房院”等院落，以三到四层建筑为主，均为砖木结构，院院相通，楼楼相连。民居的窗户多采用拱券式窗孔，外墙饰以“眉檐垂柱”的砖雕，中西合璧，颇有特色。山西境内尤其是晋东南地区有许多类似的古堡民居，在大院民居的基础之上，着重突出防御功能，使自己的家宅免于战乱的损毁和匪徒的洗劫。

四通八达的穿心院

穿心院，也叫穿堂院，是一种大型的四合院，由两个以上的小四合院交错相连而成。其特点是中轴型对称结构，沿着纵轴（在中轴线上）增加三进院、四进院、五进院。院子内部的门都设在中轴线上，从正门往院落最深处行走就需要沿着中轴线穿心而过，故而被称为穿心院。院子除了正门之外，也有一些偏门开在街面上，使这些院落四通八达，方便进出。

王家大院

乔家大院第一、二院为“里五外三穿心楼院”，里外由穿心过厅相连。里院北侧为二层的主房，和外院门道楼相对应，宏伟壮观。从进正院门到上面正房，需连登三次台阶，寓意“连升三级”“步步登高”“平步青云”，建筑层次结构高低错落，暗合“人往高处走”之意。

祁县渠家大院始建于清乾隆年间，共分 8 个大院，19 个小院，240 间房屋。其五进式穿堂院保存完好，全国罕见。明楼院、统楼院、栏杆院、戏台院巧妙结合，错落有致。各个院落间有牌楼、过厅相接，形成院套院、门连门的格局。

山西还有许多民居大院是穿心院的结构，如灵石王家大院、定襄河边村阎锡山故居、长治县南宋村秦家大院等。山西省大同市的南街，至今依然保留着这一种传统民居，只是院落长期缺乏维修，已破败不堪，部分甚至倒塌了。

前低后高的“一出水”民居

“出水”指的是房屋梁架形式，屋顶只有一面坡，雨水只往一个方向流，称为“一出水”。晋北一带常见的屋脊以瓦覆盖的平房，前低后高，屋顶前面是瓦，瓦脊另一侧是切成平平的墙根，俗称“一出水房”“撅屁股房”“稍陡房”。忻州的“一出水”民居更是常见，其特色是高脊一出水瓦房，房顶坡度大，造型独特。前部采用木柱式，满面开窗，采光较好，顶部和墙

壁多为泥皮涂抹，结构简单，造价低廉。有的地方用碱地淤土、麦秸和泥抹成。这种房屋逢雨不漏，并可利用泥的下渗特点，将干裂的缝隙自然弥合，两三年后再抹一次，加沤制过的石灰抹房，更为结实。到秋收时节，房顶又是极好的晾晒粮场。近年，在乡村亦有不少钢筋水泥结构的平顶房，其顶部为水泥浇注的整合顶，或由混凝土块拼合而成，坚实牢固。忻州、原平等地的民房，不少是高脊一出水，有的虽有后檐，也仅三五

师家沟民居

尺入深。其前檐纵深，坡度很大，造型独具特色。“一出水”民居从实用角度看，有防盗作用；从民俗心理上讲，水代表着财运，雨水先流入自家院中就寓意着财运的到来；而从邻里关系角度看，房后常常是民众往来行走的巷道，“一出水”的设计可以避免檐上流下的雨水落到行人的身上，更有益于村落社会关系的和谐融洽。

形似信封的多层民居

在晋东南地区，不论是晋商大院、官家宅邸还是市井小民，都要修建二层楼房。最常见的是把坐北朝南的主房修建成二层楼房，厢房为平房，但也有把所有厢房都建成二层楼的形式。这种民居的一楼作为起居室、会客室等主要活动场所，二楼一般作为储放粮食、生活用品、生产工具的仓库，因此，二楼的室内高度要比一楼低。

镜面楼为晋东南地区民居的一种特殊形制，是两层甚至四五层的高层民居建筑，晋城湘峪古堡中高达五层的孙鼎相故居镜面楼是其典型代表。镜面楼的正房通常为三间，楼下楼上各用两根梁，间架多为八尺到一丈，进深一丈二到一丈五，楼前不辟门，房梁不出挑，不设楼廊与楼杆，当地人俗称为“一封书”（形似古信封）。镜面楼的底层高，楼层矮。楼下住人，楼上用来存放粮食或杂物。上楼要在室内置木梯，木梯多建在

后墙右角处，所留通口叫“棚口”。到了明代以后，上楼通道移到室外，设置了楼廊、楼道，称为“出挑楼”，建筑结构更加富丽，形成了浓郁的地方特色。

晋城镜面楼

窑洞

清末《晋政辑要》中有载，山西“地处万山，路途险仄，砖瓦木石各料向较别处为昂，运送更属不易。梁柱巨木尤为缺少，往往于数百里外入山采伐，挽运来省，所费尤多”。因此，窑洞就成为节省材料、因地制宜的山西特色民居。在黄土高原的特殊地质地貌、气候、文化等因素的共同作用下，窑洞历经了几千年的发展演变。窑洞是由原始先民的地穴式木骨泥墙房屋发展而来。最早的窑洞可上溯到新石器时代的龙山文化时期，如襄汾陶寺、夏县东下冯、石楼岔沟等几处龙山时期窑洞遗址就是实证。乾隆时期的《乡宁县志》中记载，居民“掏穴洞或砌石窑院宅”。乾隆版《凤台县志》中收录了清人彭而述的诗句：“山民全如鼠，伏处各土穴。相传为世守，即此是家业。”乾隆版《吉州全志》中，清人白汝腱歌咏道：“家三家两自成村，小住洪崖辟洞门。漫道穴居同上古，此中别具一乾坤。”这些史料记载说明，直到清代，窑洞仍是山西境内的主要民居形式。

窑洞充分利用了自然环境，因地制宜，建造难度小、使用时间久、生态环保，提高了土地的利用率，且具有冬暖夏凉、保湿恒温的独特功能。直到现在，晋西北、晋南、晋中等地的

汾西县师家沟窑洞

民居仍以窑洞为主。如果按建造材料分类，山西窑洞有土窑、砖窑、石窑、混合窑。按建筑形式可分为靠崖式、下沉式、独立式。下沉式窑洞最为原始，靠崖式次之，独立式成形最晚，但更为普遍。大同、运城、长治、忻州、吕梁等地都有不同数量的靠崖式窑洞，而下沉式窑洞则以晋南平陆、芮城的地窨院最为典型。随着人们居住观念的变化，窑洞成了落后贫穷的代名词，高楼大厦成了现代舒适住宅的典范。加上窑洞具有通风差、采光差、卫生差的缺点，正在被人们逐渐抛弃。

层层叠叠靠崖窑

靠崖窑又叫“靠山窑”，有靠山式和沿沟式，在山西一些山地、丘陵地区较为普遍，如大同、长治、晋中、忻州、吕梁等地，一般为土窑洞或砖土结合窑洞。靠崖窑的窑址多选择在向阳的断崖或山坡，人工整修削齐形成崖面，从崖面向内挖出洞穴，深可达数丈，是依山势开凿而成的拱形窑洞。可为单室或连室，连室要加宽窑壁，增强承受力，在壁上打门洞相连，有一堂一屋式的，也有一堂两屋的鸡翅膀窑。有的土窑前面装修砖石门脸，有的只用黄泥或白灰抹个门面。窑洞顶面多采用拱形顶，夯实地基，砌起窑壁，在中间填上土，形成窑顶的半圆形，俗语叫“堆土牛”。为加强其稳固性，洞口安装木质门窗或用砖石垒砌，以防止泥土崩塌。条件好些的家庭，在洞外

李家山窑洞

砌一层砖，以保护崖面，称为“夹壳”或“护壁”。在地势较高的断崖上，常修建两层窑洞，上层称“高窑”，内部高度较低，用来储藏杂物，下层窑洞用来居住。在崖面较宽的地方，则可修建一排三孔、一排四孔的窑洞，窑洞内可相互打通，成为套窑，外间作为客厅，内间作为卧室。临崖面开门窗处，空气流通、阳光充足，一般安排为炕、灶及日常生活起居处；窑洞深处因光线不足多作为储藏室。靠崖窑只能平列，或以曲线、折线形排列，不能围聚成院。由于山西境内多山、多沟壑，为顺应地形特征，靠崖式窑洞多错落成台梯状依山势分布，还有些村落多层窑洞间相互通连，形成壮观层叠的窑洞群。

“独立”的锢窑

独立式窑洞也称锢窑，是一种拱形房屋，有土坯拱窑洞，也有砖拱、石拱窑洞。这种在地面上仿照窑洞的空间形制，用土坯、砖或石等建筑材料，建造独立的窑洞，称为锢窑，也叫券窑。这种窑洞无须靠山依崖，能自身独立，又不失窑洞的优点，可为单层，也可建成楼。若上层也是锢窑，即称“窑上窑”；若上层是木结构房屋，则称“窑上房”。如果四面独立，则称为“四明头窑”。锢窑既保持了一般窑洞冬暖夏凉的优点，同时通风、采光良好，院内排水，克服了土窑洞的缺陷。人们常在靠山窑前的空地上建造几座锢窑，与围墙共同组成院落，以满足各种使用需要。

锢窑室内空间为拱券形，与靠崖窑洞相同。在外观上是在拱券顶上敷盖土层做成平屋顶。这样做除了美观外，土的重压还有利于拱体的牢固。锢窑顶部平台可供晾晒或休息之用，平台墁砖至排水口，屋顶上的雨水可通过窑洞两侧楼梯内的暗道经排水孔流至院内。锢窑较多的地区是山西太原至介休一带。平遥古民居中的正房就是锢窑。平遥锢窑的一般建法是，墙体内外各砌一排砖，中间添碎砖石，并用黄土夯实，由于边跨侧

柳林窑洞民居

墙需抵抗侧推力，其墙体可厚达二三尺。正房外檐常加设木结构披檐，披檐下成为过渡空间，同时保证屋内采光。正房锢窑常为三孔或五孔，以五孔居多。三窑并联的形式称为“一堂两卧”，中间为起居室兼厨房，两侧作为卧室，门开在中间窑，两侧窑只设窗户。平遥锢窑采用后墙不开窗、房前设檐廊的方式遮阳避雨。平遥锢窑的拱券制作精良，曲线优美，技术成熟，如常见的拱券大门。

穴居文化的活化石：地窨院

下沉式窑洞即地下窑洞，又叫地坑式、天井式窑洞，主要分布在一些没有土崖、沟壁可利用的地区，如晋南平陆、芮城等地的地窨院（也叫地坑院、地窖院）。这种窑洞的建法是先在平地上挖一个几米到十几米深的方形地坑，然后再将地坑内的四壁分别挖成窑洞，形成一个四合院。根据居住人口的多少，决定挖多少窑洞，少的有 6 孔，多的有 12 孔。向阳的正房用来设祖堂、会客和日常起居，两侧厢房和倒座多用来堆放杂物、生火做饭等。窑内设一大炕，炕后建一大灶，用来取暖做饭。炊烟经炕下吸入壁内烟囱，直上崖头出口。其中的一孔窑向地面成斜坡状挖一条通道拐成直角或弧形通向地面，是人们出行的门洞，俗称“窑漫道”。

晋南地区地理情况较为复杂，一直以来就有“三十年河东，三十年河西”之说，因为处于黄河流经之地，地形沟坎不平。特殊的环境和居住习俗，形成了这里独特的民居建筑形式。平陆“地窨院”一般长、宽为三四十米，深十多米，与地面接触的四周砌一圈青砖青瓦的檐，既可防止雨水飘落到院墙的立面，又美观好看。檐上砌成高 30 ～ 50 厘米的女儿墙（或叫拦马墙），一是用来挡住地面的雨水向院内倒灌，二是防止上面的牲畜、孩童掉进院里。在女儿墙的外面一般碾压成有一定坡度的广场，既可排水又可防止雨水下渗，还可用作打谷

地窨院

场。夏、秋两季，人们在窑顶上面将农作物脱粒晒干，再在地坑院中的仓库窑洞顶上掏出一个圆洞，将各种粮食直接灌到下面的仓库里，省时省力，方便直接。走进当地村落，“上山不见山，入村不见村，平地起炊烟，忽闻鸡犬声”。人们在院中坡前栽种树木，建筑掩映于一片黄绿色之中，鸡犬之声相闻却不相见，与自然生态融为一体，十分有趣而和谐。

“爱面子”的挂面窑

挂面窑是山西大同的一种特殊窑洞，在大同、左云、阳高三县分布较为集中。因其修建时要在靠崖窑或锢窑窑口的窑脸处包砌一层砖，并且要砌拼、雕刻出花样来，所以被称作“挂面窑”。挂面窑的关键环节叫作“整窑脸”。与其他地区的窑洞相比，挂面窑的窑脸装饰繁复精致，飞椽、檐椽、檐枋一应俱全，融合了窑洞的形制和大院民居的装饰。拱券形堂屋门楣、窗楣是装饰的重点，图案多为喜鹊登梅、松鼠戏葡萄、卷草缠枝等，图案繁复，做工精美。有些挂面窑在檐下设砖雕斗拱，斗拱间雕刻寿星、福星、禄星、八仙以及麒麟、狮子、鹿、荷花等吉祥动物或花草，还有的雕刻如“福如东海长流水，寿比南山不老青”的吉祥语。

挂面窑的艺术风格讲究中西合璧。西洋方立柱式的门头上，雕刻的是古典的瓶荷图案，拱券式的门上方，装饰的是垂花柱，楣子上的图案有鸳鸯、蝙蝠、方胜、花草等传统元素。堂屋门边置有一对神龛。神龛内供奉着土地爷，造型讲究，雕工装饰精细，宛如一个缩小比例的庙宇模型。挂面窑布局有两种，一种是连幢式，一般是三间正房，两间耳房；一种是四合院格局，有上房、厢房、倒座房、门楼，有的甚至是二进院落。奇妙的是，二进院落往往只有里院的正房是窑洞加穿廊，砖雕挂面，十分气派，其余的则是砖瓦房，体现了人们对窑洞的看重和喜爱。但厢房在门窗设计上又刻意与窑洞保持相近，使得整个院落结构严谨，浑然一体，成为一种独特的风景。

特色民居

“接地气”的土坯房

土坯，晋城地区称为“土墼”，即用土垒砌成房子。成墙方法主要有两种：一是做好墙脚后（一般以石块为墙脚），将木头做的模具置于上面，放入泥土，人工分段分层夯实成墙。二是用手工做的土砖砌墙，把湿土装入模子，用石碓将其捣实后翻转扣出来，等风干后就可砌墙使用。建造土坯房一般会选择黏土作为墙体材料，另外还会填充部分加筋材料，例如杉木的木纤维、狗尾草、稻草、秸秆等，皆为当地易得的材料，用

土坯房

石块和土坯建造的房子

来提高墙体的抗弯抗剪能力。土坯房的优点是就地取材、简单环保、造价低廉、冬暖夏凉。忻州地区的“土房”屋顶用碱地淤土加麦秸和泥抹成。淤土抹房逢雨不漏，并可利用泥的下渗特点将干裂的缝子自然淤合。用白灰、沙子与蓑草或麦穰和成灰浆抹顶的则称为“沙房”，这种房子更加结实，房顶还可以作为晒粮场所。

土坯房需要经常进行维修，尤其是屋顶的稻草要经常进行修补和替换，还要注意防火。由于墙体是土做的，所以还要注意防水、防潮。而且土坯房的强度不足、接点连接弱，整体的稳定性差，尤其是遇到自然灾害时，比如洪水、地震等，很容易造成大的损失。现在土坯房已基本被砖瓦房所取代。

就地取材的石板房

石板房即用石头、石板为主要原料建造的房屋，常见于山西的太行山地区。清阔普通武在《湟中行纪》中记载，平定州“居民皆用以砌山坡，垒墙屋，无用之物化为有用”。

房屋墙壁多用经过打磨的大大小小的石块垒砌而成，也有的是用石块和土坯共同建造。如条件好的家庭用较为规整的条石垒墙，可以修建成石制楼房，条件较差的则用大小不一的碎石。屋顶利用太行山地区特有的片石、薄石板材料，以鱼鳞状，错落有致地搭放在椽子上，以代替瓦顶。

太行山上的石板房

石板房是最朴素的民居，也是最漂亮的民居，体现了中国传统的“天人合一”理念。使用纯自然的材料，房屋的颜色就是石头、石板的本色，不加以多余的装饰，房屋与周围的生态环境融为一体。因为墙体是石块，冬暖夏凉，看起来虽简陋，但却朴实耐用。夏天、秋天可以在房顶上晾晒粮食和衣被，远远看上去色彩斑斓，乱中有序，呈现出一幅原始的乡居图。石板房的建造主要是就地取材，所以成本低廉，在石材资源比较丰富的地区常常可以见到。

遮风避雨的小窝棚

窝棚也叫庵棚、茅庵，是民间常见的临时性住所。一般是在避风向阳处，就地取材，用石块、泥土、树枝、柴草搭建而成。窝棚的建造方法一般是先在地上立两个“人”字形的叉架，上面架一根横杆，侧面用树枝铺盖，最后在表面抹泥固定。旧时外地因灾荒或战乱逃难来的难民，无处居住，只能暂时搭个窝棚遮风避雨，待家乡情况好转时就弃而返乡。走西口的人们

小窝棚

在行旅途中无处歇息，搭个窝棚就能暂时休息。河曲民歌形象地唱出了走西口的苦难：“山野草地安了家，买不上椽子砍上几根棍，搭上个茅庵庵好安身。”夏间瓜田菜地边，为了看守作物，便立起高 2 米左右，面积 3 平方米大小的窝棚，地上铺草，草上铺烂毛毡或狗皮褥子，白天遮阳避雨，夜间睡觉休息。果园也有高架在木桩之上或树上的庵棚，可瞭望远处，俯视全园，且避地寒。牧羊人为守护羊群而在野地里搭窝棚过夜，俗语叫“羊卧地”。

民居装饰

精雕细琢的木雕

中国传统民居中，木头是最重要的建筑材料，梁柱、斗拱、窗棂、间雕、雀替等房屋构件都用大量的木雕做装饰。山西传统民居中的木雕主要采用圆雕、浮雕、透雕、平雕等表现手法。山西民居木雕以完整美观、庄重大方的艺术风格著称，构思巧妙，工艺细腻，线条流畅，反映出木雕工匠们精湛的技艺和高超的艺术造诣，具有很高的艺术价值。清代曾有大量江浙木工迁至山西，所以山西许多民居装饰还带有江浙一带的清丽风格。汾阳冀村“永和昌”是有名的

雕刻着龙凤、牡丹的雀替

精美的木雕

老字号，木工雕工远近闻名，别具一格，堪称“汾州一绝”。方圆百里，不少村子的民居庙宇，都有“永和昌”的雕刻精品。

精雕细琢的民居构件既具有实用功能，又增添了民居的艺术性、观赏性，运用多样的形式和手法，利用丰富的想象力和表现力，化俗为雅，或谐音，或暗喻，以景寄情，庄重而典雅，具有强烈的生活趣味，且蕴含着丰富的哲理和思想内涵，体现了宅院主人的身份地位、文化审美和志趣追求，更是中华传统文明的图像化遗存。间雕是梁头之间以及厢房、走廊柱间空隙的雕饰，具有极强的装饰性，又使木架结构更具稳定性。梁与柱之间的交接处为压力集中之处，在这里减小梁间跨度，

稳固梁柱连接的构件就是雀替。山西晋中地区的雀替大多装饰丰富且不受约束，拥有多变的主题与自由的造型，雀替与斗拱相结合形成装饰效果。雀替多采用浮雕手法，使花卉、枝叶更为生动柔美。间雕雀替的雕刻主题多为祥云纹、植物纹、动物纹等。师家沟古村巩固院的檐廊以吉祥宝物为雕刻主题，内容有香炉、宝瓶、如意、棋盘、书本等，间以回字纹相连，独具特色。

在檐枋之下，槛墙之上立间柱，将一间分成两半，各在上下方设窗，上窗扇可支起，下窗扇可摘下。窗棂通过简单元

精美的窗棂

素的组合搭配，变成了代表不同意义的精美花纹，大窗的花纹多为锦式，如步步锦、盘长锦等，小窗的花纹以古钱套锦、方胜、龟背纹居多。步步锦意为“步步高升”。盘长锦是由盘长结衍生而来，是一种被艺术化了的中国民间传统绳结手工工艺。因其编织具有连绵不断的工艺特性，常被人们作为诸事顺利、好事连绵的象征。古钱套锦是由各个圆环相套，形成金钱纹样，寓意吉祥富贵。同时古钱又被称作压胜钱，旧时春节习俗中，要给孩子“压岁钱”以驱邪，所以“古钱套锦”也有发财、驱邪之意。方胜是以多个方形或菱形压角相叠，同心相连、延续不断，表达了人们对幸福生活、美满婚姻的渴求和希冀。龟背纹又叫“灵锁纹”，寓意健康长寿。

工艺精湛的砖雕

青砖是古代建筑墙体的重要材料，造型规整、颜色纯正、密实度高、抗压力大、不会变色，而且还可以二次利用，可以防火阻燃、抵御风雨。此外，砖体可以吸排湿气、调节温度，创造舒适的室内环境。砖雕就是把青砖雕刻出各种造型图案，作为民居的构件和装饰。

晋派砖雕流行于山西晋中太谷及其周边地区。明清时期，晋商崛起，建房盖院之风兴起，影壁、脊领、墀头、门楼、花墙等砖雕需求大增，砖雕产业相应地达到了一个发展高峰期，

墀头砖雕

工艺极其精湛。砖雕匠人们以口传身授的方式将晋派砖雕技艺传承、发展至今。

传统的晋派砖雕制作工艺分“窑前雕”和“窑后雕”两类。窑前雕主要工序有选土、冻土、筛土、浸泡、过滤、练泥、醒泥、脱坯、打稿、打坯、出细（用刀、凿在砖上刻出画面构图）、阴干、装窑、封窑、焙烧、窨水、出窑、打磨、修补、编号、浸砖、拼接安装、过浆、打磨等；而窑后雕首先要烧制出青砖，然后把所选砖放入水中磨平，接着进行打稿、打坯、出细等步骤。图案以民间吉祥题材为主，既有花鸟鱼虫，又有谐音瑞兽，还有宗教象征符号。雕刻技法主要有阴线刻、浅浮雕、高浮雕、圆雕、半圆雕、镂空透雕、减地平雕（阴线刻画形象轮廓，并在形象轮廓以外的空地凿低铲平）等手法。

墀头俗称腿子，是指房屋山墙靠近屋檐伸出檐柱外的部分，一般在两侧对称修建，作用是对檐口进行承托和保护，其结构分为下碱、上身、盘头三部分，是建筑装饰中的重要部分。山西民居中许多院门和砖木结构建筑都有精美的砖雕墀头，形成了独特的装饰风格和艺术。不同于其他地区在出挑砖上架倾斜的“戗檐板”，山西是多在垂直的戗檐板上砌出挑砖，装饰也较长，常呈须弥座形式。装饰图案内容丰富，有麒麟送子、连年有余、童子坐牛、连生贵子等，都以谐音会意的方式体现对圆满生活的向往。如师家沟村“观国光”院落两侧厢房的墀头装饰中，一侧为书本、竹简、卷轴以及案几等文房用具，另一侧是马、牛、羊、鹿四种动物，把“耕读”主题立体形象地展示了出来。

造型丰富的石雕

山西民居石雕的历史可上溯至汉代，在古建筑中被大量运用是在唐宋以后。宋元之后，伴随着生产技术的进步，民居中台基、柱头、踏步和牌坊等石雕构件广为运用。清代颁布了

《工部工程做法则例》，对设置镇门狮进行规定，狮子头上的毛卷球疙瘩依官职逐级减少，七品官职以下则不准置石狮。石雕成为封建等级观念的物化体现。同时，晋商的快速崛起、大批民居宅院的建设促使石雕构件雕刻制作技术更加精湛。山西民居石雕构件稍晚于寺庙，主要出现在明清以后的民居宅院，应用在柱础、门墩、阶梯、台基、踏步等构件中，如平遥雷履泰宅院和灵石王家大院中的阁楼都有雕刻精美的台阶栏杆、望柱。王家大院的柱础石造型主要有鼓形、瓶形、瓜形等，雕刻有法轮、莲花等佛家八宝，玉笛、宝剑、葫芦等暗八仙，古

方形门墩

抱鼓石

钱、银锭、方胜等民间八宝图案以及琴棋书画、麒麟送子、狮子滚绣球等，造型多变，形象生动。

可用于石雕的材料有很多种，较常用的有青石、沙砾岩、花岗岩等。雕刻手法有浅浮雕、高浮雕、透雕等，通过凿、剔、削、契、磨、刻等多种手段完成。主要工艺流程大致可分为：第一步，在选石上先画出大致的虚线。第二步，在石料虚线上精心创作。第三步，在前两步的基础上，更加细致地进行创作。第四步，根据各种要求做成半成品。第五步，刨光精细打磨。

石狮门墩

门墩，也叫门枕石、门砧石、镇门石，起着固定门框、门轴的作用，一般有抱鼓形、方形两种。门墩的类型要与民居主人的身份地位相称。如官宦人家的门楼，才能安放象征权力的抱鼓石门墩，形状要与大门的等级相符，大小也要相称。下有须弥座，中间为圆鼓，鼓中间雕刻莲花、牡丹、祥云、麒麟等纹饰，鼓上雕刻卧狮，狮子多为左公狮右母狮，公狮脚踩绣球，母狮则脚踩幼狮，守护宅院，代表“事事如意”。方形门墩多用于书香门第，多为方形或长方形，使用线雕即素平的手法进行装饰，三面雕有鹿回首、喜鹊、麒麟、花卉、刘海戏金蟾等样式的石刻，顶面光滑，可供人休息。还有的门墩上雕刻饕餮像，有镇宅驱邪之功用，若是口中衔有圆环的，则可以避免水灾。高平市姬氏民居的门墩上雕刻了民居建造纪年，是现存中国民居古建筑最早实例。

晋商大院中还可以见到一些雕刻精美的石雕栏杆，比如平遥日昇昌、灵石王家大院。栏杆上的雕刻装饰内容非常丰富，佛、道、儒三教兼而有之，宗教故事、历史故事、文学故事、神话传说、戏剧人物、传统吉祥动物和植物无所不包，题材非常广泛。襄汾县丁村民居中有“马上骑猴捅蜂窝”的踏步石雕刻，寓意马上封侯。祁县渠家大院有一排石栏杆，每一根望柱头上都雕刻着狮子。

常家大院内的院门

高门大户的艺术

院门是住宅之冠，俗称门面、街门。院门共有三种类型，即屋宇式、门洞式、随墙式。屋宇式院门多见于富庶商人和官宦人家，分悬山式、歇山式、硬山式、平顶式和卷棚式，有垂花门、如意门等多种形制，均悬挂匾额，有雕刻精美的门墩、

右玉西式院门

柱枋，气势雄浑，开阔富丽。门洞式大门是在倒座的后檐墙中心直接开洞，形成一个较深的门洞。随墙式大门则是在院墙上设门，两侧连接院墙，也有一些斗拱、砖雕等装饰物。一些村落中还有西式门楼，如窦庄常家大院大门等。西式门楼不同于中式的平直、沉稳，而是用弧形造型、拱券、立柱等元素装饰，以大量优美的线条、层叠的线脚和细致的雕刻营造出精美别致的门楼。这种中西融合的创造，形式新颖，形成独具特色的民居艺术。

院门的门楣上有一方匾额，或刻凝祥聚瑞、紫气东来等吉祥语，或传达主人的志向追求。乔家大院中有不同造型的门，从结构上看，有硬山单檐砖砌门楼，半出檐门，石雕侧跨门，一斗三升十一踩双翘仪门等。院门崇尚厚实高大、富丽堂皇，迎合“高门出贵子”之说。

晋商大院多为几进式院落，除了最为重要的大门，还有二进门、三进门。二进门也叫垂花门，是区别内院与外院的界线。俗语有“门不修明，井不修暗”，院门要内收，不能使外人一眼窥见院内情形，而门的大小也要适当，太大留不住财气，太小进不来风水。

影壁——隐、避

俗话说“不撞南墙不回头”，这里的“南墙”指的就是晋

商大院中常见的影壁。古时也称为“塞门”“萧墙”“屏”。影壁就是建在大门外或大门内的一堵墙壁，一般建在门外的称照壁，门内的则称为影壁。门内的影壁在山西较为常见，高阔与大门相呼应。影同“隐”，壁同“避”，影壁的作用主要就是屏蔽、遮挡，从视线上避免被外人直视院落内庭情形，从风水观念上遮挡门外的不吉不祥之气，同时堵住院内的灵气外溢，晋北地区称为“防三煞”。

陕西省岐山县凤雏村西周遗址中发现了历经三千年的浮雕照壁。山西长治出土的唐代明器装饰图案中描绘了一个“素平无瓦饰的内屏”，是目前发现年代最为久远的院内影壁图形。明清时期，修建雕刻精美的影壁蔚然成风，造型、工艺都达到极高的水平。

影壁也是一个祭祀的场所，几乎每家都会在影壁中间设神龛，祭祀土地神或天地神，但以土地神居多。神龛一般会用砖雕或木雕做装饰，造型为精致的楼阁或庙宇。在民众的观念中，神灵被世俗化，需要人们以敬畏之心供养，也需要世俗生活的观照。春节前人们多在影壁上贴福字方斗，以取镇邪之意。

影壁是主体民居建筑的附属产品，是民居大院必不可少的一部分，与整体院落装饰风格相统一，同时又具有相对的独立性，可以通过整体构图，打造观赏性极强的艺术作品。

常家大院中的影壁

影壁上的神龛

晋商大院中影壁的造型一般是下部为“须弥山”座，上部建有重檐滴水，中部镶嵌具有一定寓意的砖雕，如五福捧寿、六合同春、喜鹊登梅、马上封侯、鸳鸯贵子等图案。图案多采用一些带有祝福、吉祥寓意的样式，如乔家大院大门对面的照壁上，刻的是精彩的砖雕“百寿图”。常家大院中的照壁、影壁数量最多，共有81处，其中祠堂有一处“百寿壁”，嵌240个篆寿，谐音“寿二百四十止”。此外还有家训壁、采薇壁、三星壁、鹿鹤壁、四季壁、山水壁等。普通民众家中的影壁多见以青砖砌墙，内抹水泥，粘贴有彩绘迎客松、福字等图案的瓷砖。

屋脊上的小世界

民居坡屋面相交产生“脊”，屋脊之上，人们创造出了“五脊六兽”的神奇世界。“五脊”指的是大脊（正脊）及四条垂脊。“六兽”是屋脊上各种装饰品的统称。

屋脊的不同位置装有功能造型各不相同的脊饰。正脊两端有螭吻，又叫吞兽、鸱尾。四条垂脊依次排列有仙人和走兽。屋檐口有瓦当滴水。这些脊饰多是由屋脊构件演变而来，兼具求吉、装饰、保护建筑等多重功能。

《隋书》中记载，“自晋以前，未有鸱尾”。北宋时期，脊饰种类已经基本完备，鸱吻、垂兽、蹲兽等形象丰富而有序地

民居上的脊饰

踞于檐角。《大明会典》中记载，公侯屋脊用花样瓦兽，一品、二品的官员屋脊许用瓦兽，三品至五品官员屋脊用瓦兽。清朝脊饰基本沿袭明制，且更富有创造性和艺术性。

正脊使用预制的脊砖分段安装，脊身被雕刻成植物花卉或镂空纹样，工艺精美，脊两端以吻兽作为收头。吻兽在屋脊两端，可对正脊两端的木构件进行施压而达到稳固的效果，按位置可分为正吻、垂吻、戗吻和合角吻。螭吻由鸱尾、鸱吻演变而来。《唐会要》中记载，“鸱，汉柏梁殿灾后，越巫言海中有鱼虬，尾似鸱，激浪即降雨，遂作其像于屋上，以厌火祥”。后来逐渐由鸱演变为鱼龙合体的螭，被人们传说为

龙的第九子，能喷水成雨，俗名也称为“吞脊兽”。吻兽可分为张嘴吻兽和闭嘴吻兽两种，张嘴兽代表主人为官，寓意当官应为民说话；闭嘴兽代表主人为商家，寓意商人要保守秘密，不张扬财富，不乱说话。望兽是螭吻的变种，兽口朝外，守望平安。灵石王家大院、万荣李家大院就有很多雕刻精美的望兽。

走兽也叫脊兽，是由实用构件演变而来，建筑的等级和用途不同，使用数量也不同。等级最高的故宫太和殿有十个，分别是龙、凤、狮子、天马、海马、狻猊、狎鱼、獬豸、斗牛、行什，它们都是传说中具有防火避灾能力的神兽。仙人骑兽是用来固定屋脊最前面的一块瓦，也被民间戏称为“走投无路”。而民间建筑中，用脊兽做脊饰，不仅有装饰意义，还有浪漫色彩。这些脊兽具有严格的等级意义，不同等级的建筑所安放的脊兽数量和形式都有严格限制。

山西晋商大院中的脊饰有许多来自襄垣。襄垣地处黄土高原，自然条件恶劣，土地贫瘠，先民们在与上天斗争之外，把对美好生活的希望寄托在日常生活的起居中，于是他们将避祸降福、镇邪祈祥的图腾崇拜意念融入雕凿装饰品中，脊饰应运而生。襄垣民居脊饰的制作以家庭与作坊式传承为主，工艺考究，整个工序包括配料、泡土、闷泥、制坯、捏塑、镂刻、切割、阴干、装窑、煅烧、注水等，工时需要15天左

瓦当滴水

右。在烧制过程中，一般要避开月忌日，点火前必须先摆供品，焚香祷告，禁止妇女参与，忌讳一些说辞，如“红”“败”等字眼。

瓦当也称为“勾头”“猫头”，是檐口下端垂挂的挡片，多为圆形、半圆形，刻有花纹，如云头纹、几何形纹、饕餮纹、文字纹、动物纹等。滴水与瓦当配套，为仰瓦端头，多呈上平下尖的三角形。图案与瓦当相似，简洁朴素。瓦当和滴水共同使用有利于雨水的顺利排出，保护屋椽免受雨雪的侵蚀，延长房屋使用寿命。瓦当和滴水的图案也相互呼应，如动物瓦当多配以植物纹样的滴水，而植物瓦当常配以抽象花卉装饰的滴

水，或是简单的波浪形滴水。

自元代开始，山西阳城一带创烧出了琉璃瓦当及琉璃建筑构件，元末明初烧制琉璃的技术传到了汾州府的平遥、介休以及文水县，并将著名的琉璃品种“孔雀蓝”迅速发展完善，技术日趋成熟，烧制的瓦当、建筑构件迅速推广到中国的大江南北，对中国古代的建筑技艺发展做出了重要的贡献。

建房习俗

择地

选择家宅地基是建房中最基础的一环，自古以来，人们就秉持“天人合一”的风水观、生态观选择宅地。山西民宅多选择靠近水源、平坦开阔、土层较厚、通风向阳、不易发生地质灾害的地方，即所谓“负阴抱阳，背山面水”。《管子》中载：“神农氏作，树谷淇山之‘阳’，九州之民乃知谷食！”自古以来，人们就把向阳之地看作吉地。向阳可以获得更好的采光，背山可以屏蔽冬季寒风，面水可以方便日常生活生产。民间俗语有：“北高南低，主多牛马，家业兴旺。”择地时应选择地势北高南低、西高东低的土地，宅院应坐北朝南，但不能是正北，要有一点偏角。宅院地基的形状，以方形或南北长、东西窄为宜，忌东西长、南北窄，忌前宽后窄的倒梯形或三角形。此外还要尽量避开坟地附近、寺庙对面、草木不生之地、沼泽地、下湿地和低洼地。晋北地区宅基地的选择有如下标准：地基方正，间架整齐，科眼好看，“星形端肃，气象豪雄，护河整齐，俨然而不可犯”为贵宅。如果有些忌讳实在不能避开，便在门外靠近大门的地方埋一个三尺高的石柱，刻上“泰山石敢当”（用红颜料将字涂好），用以辟邪祛灾。太谷三多堂南面有一座凤凰山，院落面山而建，正好颠倒了风水。为此，在院落最高处建有酷似牛、羊、猪的三个榭亭，以此象征用来祭祀的牲畜，敬神灵，镇南山。可以看出，人们对居住地的选择十分讲究，认为宅地的好坏与人生运势的起落息息相关，体现了民众期望择吉宅、行好运的民俗心理。

破土

破土是房屋开始动工之日举行的仪式。破土必须根据房主的属相选择黄道吉日，详细到吉月吉日吉时。北方冬季寒冷，故破土日期一般选择在春季大地解冻后，雨水尚少、农事不忙之时。有的地方仪式比较简单，在修建地点面向神祇方向摆香炉供品，挂红布，燃黄表纸，放鞭炮，祭祀天地和家神，告知神灵，祈求保佑建房顺利，最后在地上刨三下土，破土仪式就宣告完成。在晋北，房主要用铁锹象征性地翻土三次，表示建房

开始。晋城地区在奠基时要在地下埋一些有象征意义的祭品，如雄黄、五香（青木香）、石燕、压土马子。地块四角上各放一个罐子，分别放五香、朱砂和绿皮鸡蛋。“太岁”是主宰一岁之神，不可惊扰，否则会降下灾祸。所以动工的方位要避开太岁行经的方位，不可在“太岁头上动土”。如果风水先生测定动土方向正是太岁所在方位，便要风水先生算一个“太岁出游日”来偷修，或等来年再建。忻州地区有“大偷修日”，为壬子、癸丑、丙辰、丁巳、戊午、己未、庚申、辛酉。择月也称忌月，保德俗传张、王、李、赵四姓不能在六月、腊月动土，其余杂姓不能在三月、九月动土。晋北地区讲究正月、四月、七月、十月的亥日，二月、五月、八月、十一月的寅日，三月、六月、九月、十二月的午日，都为“三邻亡”之日，不得动土。

打地基

打地基俗称“打夯”“行硪”“打硪”“砸硪”“砸根足”。房主要请匠人在宅地上画出房屋的边线，量好尺寸，定好方位，然后在边上挖出一条壕沟，俗称“挑槽”。然后再往里一层层垫上石灰和土混合起来的“霸王土”，一层层夯实，直到与地表相平。回填土不能过湿，忻州有俗语“干打地基湿打墙（土筑墙）”。人工打夯工具有石夯和木夯两种。木夯是一截树桩子，在顶部扎上夯把，比较轻便，两人即可操作。石夯是把一块石头凿成梯形，在上方扎上木质夯把。在打基过程中多用石夯，辅以木夯。石夯一般是由两人或四人一组，每人抓一个夯把，一起用力将夯抬高，落下时利用惯性把地基砸实。打夯是一项沉重而单调的劳动，注意力不集中很容易砸错方向，伤到人的脚。为了振奋精神，又快又好地完成打夯，民众创造出了打夯歌，也叫“硪歌”。作为一种劳动号子，硪歌一般曲调简洁，朗朗上口，歌词内容自由随意，诙谐幽默，多为上下句，根据情境见人唱人，见事唱事。领夯人主唱，编出各种内

打夯

容的唱词，其他人以简单的吆喝声随之附和，如“号号的咳呀”“嗨呼嗨呼嗨呼”。有时是提醒打夯人动作要领和注意事项，如定襄县的打夯歌中唱“撑高定稳呀往下的甩呀”；有时指挥打夯的节奏、起落、位置，如领夯人唱“打一阵来紧一阵呀”，意思就是要加快节奏，唱“嗨啃嗨啃的伙计们呀放轻松呀”，打夯的节奏就随之慢下来，唱“这一硪掂起来往东行呀东北角角要打平呀”，就是指挥人们落夯的方位；有的把石硪比作虎、狮、龙、鸡等物，增添一些趣味性，如静乐县打夯歌“小石硪好比一座山呀”；还有的唱男女之情、历史典故、民歌歌词等，内容十分丰富，如左云硪歌中有“妹子你站在梁尖尖我站在沟，眼睛那个对了摆一摆手”“弟兄们好比桃园结义三弟兄，长坂坡前赵子龙呀”。

砌墙

砌墙俗称为“起墙”“垒墙”。砌墙的时间，最忌选在寒冬和酷暑，因为寒冬砖泥不融，酷暑砖泥来不及黏合而干离，墙不坚固。墙的类型有包芯墙、砖面墙、全砖墙、土坯墙、土打墙等几种。砌砖墙要先在地基底部砌砖，防止地基被雨水浸坏。先将青砖用水浸透，匠人手拿瓦刀，扯着线绳，磨砖对缝，用白灰或沙灰浆黏合。砌土坯墙要在石基上先砌三至十一层石基和砖底，为的是保护土坯，俗称“过河砖”，然后垒起土坯，用黄泥黏合。土打墙，是在打好基础后，两边夹上木板，装入湿黄土，用木杵、木夯打实，然后把夹板往上提一层，接着打。土打墙简便快捷又结实，是黄土高原的特殊土建形式。

砌墙

上梁

上梁是木构平房建造过程中的重要仪式，俗称“上檩”“立架”“立木”。梁木以榆木最佳，松木、杨木也可，但槐木、柳木、椿木忌用。上梁前要请阴阳先生择个良辰吉日，并提前通知亲友。晋城地区有民谚“庄户人，有三喜，上梁娶妻添新喜”。上梁之日，邻居及亲友都会前来庆贺。人们在打地基之前就请来木工按房间布局尺寸做好架构部件。立架时先在墙基放好柱石，石上立柱，用支杆撑牢，然后就可以举行上梁仪式。上梁仪式一般是在正午举行，要专门请人写花梁，燃放鞭炮，用红布吊起脊檩，木匠师傅边念“鲁班咒”边将脊檩定位，请人在脊檩中间系一方画有八卦的红布，并安放五谷、铜钱、红筷、酒盅等“镇物”。有的是在大梁上贴一张红纸，画上阴阳八卦图，图中央扎一双筷子、一枚铜钱、一只用布缝制的黑乌鸡，鸡肚子里装有五谷。在梁、檩上张贴吉祥对联，如“竖柱喜逢黄道日，上梁正遇紫微星”“青龙扶玉柱，白虎架金梁”“稳如泰山，坚似磐石”“上梁大吉”等，迎门的墙上贴“姜太公在此，诸神退位”。上梁完成后，要烧纸、焚香、燃放鞭炮。亲友们要蒸白面花馍，带烧酒、黄表纸来“扶梁”庆贺。房主要在中午宴请亲戚邻居和工匠，俗称“犒匠”“犒工”，这一天不再干活。第二天就可以开始贯椽铺瓦，房屋顶部结构就基本

上梁

完成了。铺瓦就是在房子顶部摆上瓦，河东地区直接把“瓦”作为动词，称为“瓦房”。铺瓦时要从下往上，一边铺一边往上退，一直退到房中央。两坡式屋顶，在退到房中央后要留一点缝隙，在中间装屋脊。屋脊既可以防止雨水渗入，同时又增加了房屋的美观性。

对窑洞而言，建造中最重要的仪式就是“合龙口”。在窑顶中间留下一个缺口或小洞，然后将小动物（鸡、兔子等）的心脏放入，以祭祀神明，驱邪辟祟，保佑平安。也有的是放入笔、墨、纸、砚文房四宝。正午十二点时，由老石匠和窑洞主人登上窑顶，把事先准备好的一块合龙石放入。合龙石旁要悬挂一些信物，比如桃木弓、柳木箭、筷子、装有五谷（小麦、谷子、高粱、玉米、黍子）的红布袋、五色布条、五色彩线等，燃放鞭炮，有的人家还要雇上一班鼓乐手，吹打一阵。合龙口仪式完成，整座新窑就算砌好了。人们叫着“合龙了”，主人家把米斗里的粮馍、硬币、针包、糖块，以及五谷杂粮撒向人群，让人们争着去拾，人们称为“撒粮馍”或“福馍”。最后在新窑门贴上对联，如“合龙大吉”“四季平安”。人们通过上梁、合龙口这样的仪式祈愿获得上天的护佑，能够家庭和睦、五谷丰登、衣食富足。

装修

房屋装修就是完善居住条件的过程，如安装门窗、刷墙修顶。泥工刷墙时要先抹泥，抹平后再抹一层灰，压光，最后才上漆，称为“亮家”。木工安装门窗须严丝合缝，不能有关不严或是打不开的情况。晋东南一带，上门窗需用特制的尺子，按二十八星宿位置来确定其长度和方位。修屋顶天花板，又称“打顶棚”“打仰尘”“表羊场”，是为隔离住人空间与顶部，防止雨直接漏在家具上，冬天有利于保暖，夏天又能隔热。“打顶棚”多以木条或高粱秆、麻秆、葵花秆做架子，麻纸裱糊，再用白漆粉刷。在室内装饰上特别值得一提的是炕围画，炕围

炕围画

画在忻州地区和晋东南地区颇为常见，有的地方叫“画腰墙子”“炕围子”。高二至三尺，由各种图案花边、画心、灶头画等部分组成。通常每幅炕围画有六到八个画心，分长方形、圆形、菱形、六边形等。画心由白粉调胶打底，画的内容有戏曲故事、历史典故、山水风景、动物植物。底色以绿色居多，也有红色、黑色等。画完用胶矾水封色后，用大漆或清漆油两遍可防止脱落掉色。

炕围画

谢土

房子盖好后，要举行谢土安神仪式。谢土的目的主要是感谢神灵帮助，平安建房，并祈愿日后全家平安。晋北地区安神仪式的过程是，置香烛供品、清水、杨柳枝，供天地、家神、灶神牌位，跪拜并念祭词后，把清水洒在门柱各处。忻州地区是要在年终腊月的时候择日谢土。供五谷、素菜，立土地、值年太岁牌位。在院门口贴上用黄纸书写的对联："吉日酬神迎万福，良辰谢土集千祥。"夜深时，主人焚香叩拜，烧掉牌位，燃放鞭炮，把杀好的整鸡埋入土中，仪式就结束了。谢土后，全家人休息，不可乱走动，三日内忌讳外人来借钱借物，也忌讳自家人花钱开销。河东地区的谢土仪式是动工之前，在动土的地方插三炷香，放上用面做的猪头、羊头、牛头，烧一卷用黄纸叠成的元宝（纸火），祭土者跪下磕头，说几句感谢恩赐之类的祭词，再往地上滴几滴酒，以示进酒，仪式就完成了。霍州地区谢土时要用五张黄表纸、五炷香、五盅酒、五个馍或土饼，作为给土地爷五个儿子的供品。忻州地区谢土有大谢和小谢之分，小谢是在动工当年，大谢则要连续谢三年。谢土需在腊月谢土日的晚上进行，谢土日为：庚午、丁丑、甲申、癸巳、庚子、丁未、甲寅和癸亥日。谢土之后的三天内，外人不得进入，不可外借东西。

暖家移居

新房落成，要择吉日暖家乔迁。吉日通常选择农历双月逢三、六、九的日子。山西各地讲究新房必须要先让长辈住够三晚，然后其他人才能住，俗称“暖家”。在晋北，搬家的前一天晚上要在旧居置备香烛，次日凌晨就要先移锅灶，锅中点灯，由宅主捧着移入新家，将锅放在灶口，在这个过程中灯不能灭，叫作“继烟火”。搬家入宅时，要贴红对联，内容多为“庆乔迁合家皆喜，居新宅世代永安”此类。家眷忌空手，均应执钱财彩帛，由长男抱五谷，家主捧家神，入宅安放于神龛上。还要供奉门神、灶神、天地爷、土地神等，并鸣放花炮，叫安神镇宅。家长安神完毕，焚香再拜，颂祝辞。晋中地区讲究要提着擀面杖、火柱、点着的蜂窝煤、装满水的茶壶、豆米面等五谷、油等物品先搬入新宅，分别代表金木水火土五行，搬家的时候一般选在凌晨天未亮前，要燃放鞭炮、垒旺火。乔迁的这天，会邀请亲戚好友参加，新灶新锅安上，炸油糕招待客人，一是取“步步高升”之意，二是象征安定下来，俗称“吃安锅糕”，当地有俗语“搬家不吃糕，一年搬几遭”。清徐地区在搬家当天的中午，要在桌子上铺一张大黄纸，在香炉下压菱形的黄表，再摆上馍馍、大贡、糕点、水果等供品，烧香磕头，祷告新居平安，午饭也要吃油糕，还要给邻居送去 5 到 7

个，以示睦邻。下午把菜刀、案板、水瓮、锅碗等厨房用具搬几个过来，晚上由长辈在新居过夜，搬家仪式就算完成了。

建房禁忌

过去山西人特别讲究院落的布局，有些是迷信思想，有些却是朴素的自然观，蕴含一定的科学道理。四合院是山西大院的代表性建筑，房屋的布局结构是民间约定俗成的，如正房应坐北朝南，有利于采光，正房要比两侧的厢房高五寸，配房又比厢房低三寸，门楼则与正房齐平。宅院内部，忌讳门窗相对。房屋间数喜单忌双，建东西厢房时，西屋的间数不能多于东屋的间数，俗语说：“宁叫青龙出头，不叫白虎张嘴。”房间数量忌四间或六间，因为有“四六不成材”的说法。房顶的椽必须用新的松木，人们认为旧松木中的福气已经给了别人。建房的木头忌用槐木，因槐字中有鬼，人们就把槐树当作木中之鬼；忌用柳木，因为柳树一般栽在坟墓前，沾染了鬼气；忌用桑木，因其谐音为“丧”。瓦房覆顶时，瓦的行数喜单忌双，房脊上需设“五脊六兽”以辟邪。同一座房屋门的开向要一致，门扇大小要一致，否则会发生灾祸。屋后如有邻居，则忌设后窗。忌讳两个窗户大小不一，俗称“大眼瞪小眼，家庭不和睦”。大门的设置又被称为“立门户”，必须位于东南方位，称为巽门。忌大门与邻家的门窗相对，民间有“门对窗，人遭殃；窗对门，

泰山石敢当

建房禁忌

必伤人”“大口吃小口”“口对口，生口舌”等俗语。忌直冲大河或大路，认为会被水淹或遭鬼祟。如无法避开，应于门口处高悬“八卦镜”等物。如果房屋正对巷道、山丘、河流、庙宇等，要在墙壁上镶块石碑，上面刻“泰山石敢当”以镇灾辟邪。

修建新房时，忌讳房子或院墙高于其他人家，人们会认为压了别人家的风水，招致邻里纠纷，甚至世代冤仇。破解之法是在主房屋脊上造一个“压宅楼”，以图平衡。河东地区讲究在新房入住前，要在屋内孵一窝小鸡，可以驱散邪气，乔迁当天还要在新房中放鞭炮。

在传统社会中，建造房屋是一件喜事，也是一件大事，凭一人、一家之力是无法完成的，往往需要邻里亲朋的帮助，俗称“攒忙”“攒工”。在房屋的择地、破土、砌墙、上梁、暖房等环节中，人们都特别注意与邻里关系的和谐，既有人情往来与互助合作，也有利益与冲突的维护协调，这也是传统村落社会中社会交往习俗的集中体现。

器用民俗

凿地汲水的水井

山西夏县东下冯遗址和襄汾陶寺遗址都发现了古水井，说

明当时的中华先民们已经掌握了打井技术，从而摆脱了逐水而居的生活，活动范围更加广泛。井的出现，具有划时代的意义。山西水井的种类主要有土井、瓦井、砖井、石井、砖（石）木混合井等。土井是指井壁无任何衬砌，以土为井壁，这种井最为简陋，开凿的成本较低。瓦筒井的特点是，挖出井形后，井壁用陶制井圈一节一节地套叠，砌成筒状，井圈外壁用土或碎陶片填实。砖井是在井口平砌砖块若干层，接下去砌成圈状。石井与砖井凿制的原理相仿，只是采用的原材料为石头。砖木混合井，一般以砖（石）砌圆形井口，井口之下为方形木结构井身。

在山西许多古村落中，村落的整体布局大多以水井为中心。山西属于北方干旱农耕区。《黄土地民俗风情录》中说到，几乎每个村庄都有几眼老井，而且处在村中各聚居点的中心。井的附近，大部分村庄都建有供奉神灵（或财神，或土地，或关公等）的庙宇，并成为村中的主要建筑。以井和庙的位置为中心点，向东西南北四方延伸，形成村内的干道。在地下水资源比较丰富的地区，家家户户都在自己院子里打井，以方便使用。

不同的地区和村落，根据不同自然条件创造出了不同类型的水井。如阳曲县郭家堡村内有一口古水井，俗称“二五眼”，井深 80 米，井口制式比较特别，打水时一边往上一边往下，

水井

也叫作“七上八下”，现已成为枯井，失去了使用功能。晋城地区有一种别具特色的院底干井。在院落一角，打挖一个干井，深约170米，上圆细长，下渐宽大，形如喇叭状，用于储存雨水。井口覆以木盖，雨量过多时，则井水上涨，及井中黄土部位，即可随之渗失，不会满溢为患。

围绕水井形成了相应的风水观念、神异故事、信仰崇拜、乡规民约。寻找凿井之地时，往往要请风水先生来看“地气”，问神灵。阳泉郊区柳沟村五道庙有一通《施双眼井碑记》，记载哑童阎会昌“突于门前持镢下掘，问其故，指天书地似欲求水”，哑童之父召集族人开工，二月内即工程告竣。在井边一般都设有神位或庙宇，有的供奉井神龙王，有的供奉伯益。关于井水的取用，也有详细的规定，如襄汾盘道村议定“九甲轮流取水，不得乱甲……取水之人日出下绳，日入盘绳，如违，罚银五钱入官”。

庄重朴实的晋作家具

山西式样的家具，行话叫“晋作家具”，在明清晋商影响下形成规模体系，用料规范庄重，造型简练朴实，线形顺畅大气，牙板雕饰点到而疏。

晋作家具有一整套口传身授的传统制作技艺，在用材尺度和家具造型比例方面，沉稳而厚重，如曹家大院的古家具就是

家具

家具

典型代表。家具的造型、线条和结构上追求雄宏大气和朴实舒展的艺术风格。在家具雕饰图案中，一种是硬鼓纹：山西有的地方叫回字纹；有的地方叫拐子纹。多表现在竖柜和橱柜下的牙板雕花。还有一种是软鼓纹：有如意纹、赤虎头草尾纹，多出现在桌子和椅子的牙板上。家具用料俗有“一榆二槐三核桃，柳木家具常用料”之说，除松、杏、杨木外，最常用的是榆木和核桃木。由于取材方便，家具用料敦实厚重，为弥补木料不宜雕镂的缺陷，便在漆工上做起了文章，铺麻披灰，黑漆描金，十分讲究。

晋中家具做工精巧，玲珑剔透，雄健凝重，结构精密巧妙，纹式简约洗练。晋北家具形态上更近乎明式，且蕴存宋辽遗韵。晋南家具多以描金彩绘髹漆，或山水人物，或花鸟文玩，俗称描金柜。庄户人家以大柜、供案、对桌、炕几、神龛为必备，衣冠之家则佐之以屏风、画桌、鼓墩、圈椅、香几等，大件有架子床、闷户橱、多宝槅、博古架，小件有梳妆盒、面盆架、半圆桌、官皮箱等。

以土为床的火炕

火炕，也叫土炕，是山西民居中最重要的室内设施。清代学者顾炎武在《日知录·土炕》中写道：“北人以土为床，而空其以发火，谓之‘炕’。”山西地处黄土高原，冬季长而寒冷干燥，在物质条件不足的农村地区，“家暖一盘炕”，火炕是抵御寒冷的利器。山西近代民居中，不论是窑洞还是砖瓦房，不论在晋北地区还是晋南地区，都少不了火炕。晋北人家普遍在室内安置锅灶，与火炕相通，做饭的同时就可以把火炕熏热，既可以节省燃料，又有很好的取暖效果。

火炕的位置多在窗户下，以便于采光。炕一般用砖或土坯砌成，三面靠墙的叫作通盘炕，两面挨墙的叫半截炕。先用砖垒一圈炕沿，里面填上多半渣土，平整后用土墼摆成纵横相通的通道，或叫烟火道，上面抹泥盖砖铺平，再抹一层麦草泥。

火炕

保德县的炕面有水磨砖炕、石头炕和水泥炕几种。在墙壁上要垒一个一尺见方的烟囱，烟气从此排出屋外，避免熏到屋内的人。在炕沿不靠墙的一侧中间留一小洞，大约40厘米见方，叫作窑，用于填柴烧炕，清徐人称之为“嚥炕圪斗”。窑前的地上要挖一个小地窨作为灰坑，柴火燃烧后，灰烬就落入这个地窨中，积累一段时间清理一次。有的火炕内部通道直接与灶火相连接，烧火做饭时就可以顺便暖热火炕，是节省能源的好办法。盘炕的最后一步是“出汗”，就是在炕窑内塞上秸秆、玉米棒子、木柴等易燃物，点燃后保持温火炙烤，把炕中的水分烘干，这样可以避免火炕发潮。炕沿一般用三寸宽的木头沿边铺设，经济条件好的人家用枣木或梨木，材质硬且光滑，贫苦人家则多用杨木。炕围边上的墙面极易脱落起皮，一不小心就会蹭脏衣物和被褥。用刷墙的白土（亦叫甘子土），调以胶水，涂抹在炕围边的墙上，高约二尺，再画上各色图案装饰，就称为“炕围画”“壁席”。炕围画的内容，有二十四孝、戏曲故事、历史人物、花卉、山水、动物等。其作用首先是装饰房间，显得美观大方，增添了许多情趣；其次是保护墙壁，免得被弄脏或弄坏，同时使被褥不会直接蹭到墙上的灰，此外也有传承文化、以画育人的功能。

在山西村落中，火炕占据了房屋空间的很大一部分，是传统家庭日常生活的核心空间。吃饭时在炕上摆个炕桌，妇女们白日里坐在炕上做些家务活儿、针线活儿，说些家常话，小婴儿可以光着屁股在炕上爬来爬去，看着炕围画牙牙学语，客人来了也是先请到炕上坐。沁源有俗语“炕热屋子暖”，在暖烘烘的土炕上睡一晚，消困解乏。

交通民俗

随着经济社会不断进步，商品流通、贸易往来、人际交流也越来越频繁，传统社会中交通运输不便的问题日渐突出，于是交通运输设施的建设与运输工具的制造便应运而生，并在长期的传承中，形成了不同的运输和旅行的习俗。交通民俗包括交通设施（驿站、重要的道路、关口、码头、旅店）及工具的使用规范，旅途规矩，行话，信仰，禁忌等一系列习俗。交通方式和工具的选择主要取决于当地的自然环境，如山区地势起伏不平，就需要用牲畜驮重物或拉车；河边可借助于河道，用舟船运输货物。

山西传统交通民俗可分为陆上交通民俗和水上交通民俗，现代交通还有空中交通。交通设施包括陆路的栈道、驿站，水路的水道、码头、桥梁，空中的机场等。山西境内多山地、丘陵，地形多变，陆路交通自古以来就是重要交通方式，黄河、汾河都曾是重要的水上交通路线。传统陆上交通工具有车辆、畜力等。按车轮数量，有独轮车、两轮车、三轮车、四轮车；按动力类型，有人力车、畜力车、现代交通工具。可作为交通工具的动物有马、牛、驴、骡、骆驼、狗等。此外还有雪橇、爬犁、扁担、背篓、轿子等运输工具。水上交通工具主要是形制体量大小不同的舟船，按制作材料分有木船、兽皮船等。山西境内黄河、汾河纵贯南北，水路交通是对陆路交通的重要补充。《山西通志》中记载：至于汾河、漳河筏运木材，黄河运输煤炭，渡口乘人载物，多为民间和私商运输；官方亦有，但为数不多。无论北上内蒙古、西出陕西、南下河南，都可通过黄河水道，沿河设渡口，以木船为主要运输工具，人工摇橹摆渡。如西汉武帝元鼎四年（前 113），刘彻曾带领大批随从乘坐大型楼船，由黄河、汾河来汾阴（今山西省万荣县）一块高地上“扫地为坛”，祭祀后土，并作《秋风辞》。

但黄河水运存在先天不足，一是水量不足，二是河床多礁石，有断裂（如壶口瀑布），三是河道不稳定等，这些因素导致黄河水运呈现阶段性、季节性的特点。汾河曾经也有比较发达的水运，几乎沿岸各县都有渡口，如新绛县有三林渡、南门渡。到了明代，汾河只能夏秋通航，到了清代，几乎不能通航，1970 年后失去舟楫之利。现在山西境内的水运已经逐渐被陆上交通替代，只在部分水域有短途的舟船摆渡。现代交通工具的兴起已基本取代了传统交通工具，如汽车、火车、高铁、飞机，一日千里成为现实，人们出行更加频繁，也更加方便快捷。交通民俗还包括行旅风俗、信仰禁忌等内容，如山西人出门要看皇历、测日子，择吉日上路，行者上路前有的要先到五道爷庙去烧香祭拜以保路途平安，一些风俗习惯直到现在仍然继续流传。

陆上交通

客货两用的双轮大车

双轮大车，也叫“大轱辘车”“大车”，在山西农村最为普遍。特别是明清时期的晋商，驾着双轮大车走南闯北，运输货物，一车可载重五百斤，每个车队可有上百辆车。双轮大车轮子大车身重，其动力来源主要是牛、马等牲畜。双轮大车由双

双轮大车

辕、羊角桩、八根材、车底板、前后阔盘、立栏卧栏、马架、铁构等部件组成大车舆，由车辐、车辋、铁车条、铁车钉、轮芯木、里外铁车钏等组成两个车轮，此外还有车轴、辕套等部件。车轮足够大，在一些泥泞坑洼的道路上就不容易被陷入，同时车载越重，向前推进的惯性也越大。车架的材质为木头，古时车轮也是木质的，在轮子边缘钉入铁钉固定铁圈。河曲称其为“二饼子牛车”，当地有民歌唱道：“二饼饼牛车拗麻油，真魂魂跟在车后头”“二饼牛车拉铺盖，离乡背井走杭盖，孤雁离群落荒沙”。

双轮车

20 世纪 50 年代左右，车轮演化为胶皮轮胎，更加耐磨，被称为“大胶车”“大皮车”，成为山西农村赶事筵、走亲戚、运粮运物的重要交通工具。有的在车上“覆席蒙毡，前后洞然，风雨直入”；有的用木头做成车厢，或搭一个圆弧形的布篷或席篷，可以遮阳躲雨，专门拉人；也有的专门作为货运工具，不做任何装饰。

后来人们把车轮缩小，变成一种小型的双轮车，又称为小平车。小平车的车身较轻，转向灵活，短途运送货物可以单人推动，长途远行可以把牲畜套在前面，可载人，也可载货，省时又省力。小平车在现代化交通工具出现之前是山西农村最实用、最常见的运输工具之一。晋东南地区还有一种用牛拉的双轮车，因为牛走的速度很慢，只适用于短途运输。朔州地区曾经有二牛抬杠车，由内蒙古地区传入。长方形载货车盘，车盘中部有一根长杠，前面长于车盘五尺，成“丁”字形，横安一根短杠，卡在两头牛的脖子上。

轻便灵活的独轮车

独轮车俗称“手推车”“小车”“二把手”“地猪儿”，车子走过，地面上留下车轮的痕迹，是一条直线或曲线，所以又名“线车”，早在汉代时期就已出现。独轮车车轮有木质和胶皮轮两种，轮子小的与车盘齐平或低于车盘，大的高于车盘，将车

独轮车

独轮小推车

盘分成左右两边，可载物，也可坐人，但两边须保持平衡。车盘是10根左右纵向和横向利用榫卯结构组合在一起的木头，一般前窄后宽，便于人操控。车轮上方用几条短木支起立架，可以坐人。手推的地方下面要加两根用于支撑的木头，长度比车身高度要短一些，休息的时候就可以把车平稳地架在地上。在两车把之间，挂“车襻”，也叫背带，驾车时挎在肩上，两手持把，以保持重心。如果经验不足，没有掌握推车技巧，很容易东倒西歪，无法前行。独轮车一般为一人往前推，但也有大型的独轮车用以载物，前后各有双把，前拉后推，称作“二把手”。怀仁的独轮车制造工艺较好，车身漆成紫红色，连毛的生牛皮条缠绕条档，前面缀两大响铁环，推起来发出“哐、哐”的声音。

独轮车的优点是轻便灵活，一人就可操作，不受道路和地形的限制，无论是弯曲狭窄的羊肠小路、曲折迂回的巷道，还是泥泞松软的田埂，都能轻松通过。独轮车是山西农村日常生活生产中运输、载人的主要工具，几乎家家户户都有，使用历史最为悠久。在抗日战争时期，独轮车运粮食、运炮弹，也曾经发挥过重要作用。现在农用三轮车、自行车等新式交通工具的出现，让独轮车逐渐退出历史舞台，成为各类博物馆、展览馆的藏品。行走在乡村静谧古朴的院落中，也许偶尔会遇到一辆已经被遗忘的破败腐朽的独轮车。

穿山越岭的驮运

驮运即用马、驴、骡子、骆驼、牛等牲畜作为代步或运输工具。在牲畜背上架上驮筐，就可以盛放货物。“驮筐”也叫“簩驮”，是用木头做一个拱形驮架，两头固定用红柳条编成的半锥形筐，两头垫鞍衬搭于牲口背上，外出时东西放筐内，人骑坐在中间。

驴、骡是村落农家最常见的牲畜之一，听话又有耐力，可用于农业耕作，也可用于出行骑乘、驮物运输。驴驮需配制木质的驴鞍，内衬棉花鞍垫和布制“驴替”，使鞍子固定，避免

驮运

前后滑动。鞍前有皮制的“襻胸”，后有“纣包”“纣股”，将鞍限定在驴背上。

晋西北地区把专门用牲畜进行长途运输的行当称为“赶牲灵”“赶脚”，主要使用的牲畜是骡。柳林县位于晋西吕梁山脉西麓，是晋陕交通要道必经之地，有一大批以赶牲灵为生的人。当地有一则民间谚语：“驮不尽的碛口，填不满的吴城。”碛口和吴城都是交通枢纽，各色商人、各路驮队往来其间，可见赶牲灵的队伍很多，运输的货物也很多。赶牲灵的人十分辛苦，穿山越岭，风餐露宿，驮一个来回，短则数十天，长则一年半载。赶牲灵的头骡是掌控方向、行进速度的关键，头骡的装扮比较讲究，在笼套顶部两耳之间用铜丝竖扎三簇红缨，下端镶着三面圆镜。颈部和前胸各挂一串响铃，走起路来铃声清脆，远远听到铃声就知道是赶牲灵的人来了。河曲民歌《赶牲灵》形象地描绘了这一场景：“走头头儿的那个骡子儿来哎，三盏盏儿的那个灯；哎呀带上了那个铃儿来哦，哇哇儿的那个声。白脖子儿的那个哈巴儿来哎，朝南的那个咬；哎呀赶牲灵的那人儿哟哦，过呀来的那个了。”

一度辉煌的晋商骆驼帮

明清时期，晋商把生意做到了大江南北，足迹遍布九州，经营品类齐全。当时按运输工具的区别把山西商人分为船帮和骆驼帮。前者奔波于各省江河口岸，主要运送粮食；后者以骆驼为主要运输工具，由陆路运输茶叶、盐等土产品，足迹可至莫斯科。山西商人的经商范围包括东北三省和蒙古地区等，路途遥远，地形复杂，骆驼个子高，力气足，脚也大，适合在沙漠或松软的土地上行走，又不怕风沙，耐饥渴耐寒冷，嗅觉灵敏，能够自己寻找水源，是来往西北边疆的最佳交通工具。明朝末年，沁水县城关来往的骆驼就有 7 帮 34 峰。沁水骆驼帮会在驼队中配驴，少则 2 驼 1 驴，多则 10 驼 1 驴，因为驴行动敏捷，很少生病，又不挑食，可吃骆驼剩下的草料，与骆驼相搭配可以互补。驼帮若要运输贵重物品或银钱，需用木头疙瘩箱装运，为确保安全，需找人护镖，有的跟镖者可超过 10 人。路途中保镖骑马跟随，手持武器，前后照应，投宿时轮值看守。骆驼以“一把子”为运输单位，即 10 头驼货物，1 头是主人的座骑，1 头驼行李、干粮和水。驼铃系在最后一头骆驼的脖子上，听着驼铃就可以知道驼队是否安好。拉骆驼也是一项专门的职业，一般是没有土地、不会手艺的穷苦人，只能靠着身强力壮赚辛苦钱。

祁县刘家堖的许家驼帮就是其中代表。许家在清乾隆时期开始养骆驼跑运输，至道光中期已有骆驼 800 头，为家族创造了巨大财富。清道光十六年（1836），许家在新春祭祖仪式上，重修家谱，还计划等骆驼超过 1000 头，就集资建戏台和祠堂。

清咸丰年间，太平军动乱，许家驼帮在战乱中遭到重创。直到光绪年间，许家骆驼数量才达千余头，于是开始建房购地。但随后战乱不断，加上铁路的开通，海上运输的便利，许家驼帮逐渐退出历史舞台，戏台、祠堂最终也没能建起来。

濒于消失的“骡驮轿”

“骡驮轿”是山西境内曾经流行的一种交通工具。两头骡子一前一后驮着轿子，两根长长的轿杆固定在骡背的鞍上，轿夫拉着骡子边走边吆喝，轿内可载人，大轿可坐三四人，小轿只能坐一人。轿外夏天用苇席或纱蒙上，冬天为了保暖，可用棉围子。所使用的两头骡子，必须训练有素、体质壮、毛色好，关键要听“骡夫”的话。“骡驮轿”特别适用于崎岖不平的山区地形，因而在山西境内曾经被普遍使用。至今，朔州平鲁一带还保留着“骡驮轿”迎亲的习俗，成为当地的特色婚俗。“骡驮轿”的花轿做工考究、木料结实、雕刻细腻、结构严谨。“骡驮轿”的花轿装饰图案皆具有喜庆吉祥和成双成对的意思。平鲁“骡驮轿”轿身长 2 米，高 1.5 米，宽 90 厘米，轿杆必须长而结实，架设在花轿两侧，骡背上有驮架、驮鞍、达腰（皮带）、铁轴，牢固又灵巧地把轿杆连接在骡身上。如今，随着现代交通工具的多样化和道路条件的不断改善，当地骡子饲养数量大大减少，制作和驯畜技艺流失，骡夫的传承难以为继，朔州“骡驮轿”的迎亲习俗也濒于消失。

架窝与“骡驮轿”相似，是用两根长杆、短棒、绳索绑成担架，上用芦席圈成棚帐，中间铺垫被褥，前后架在两头骡的鞍上，固定好，人卧在棚里，可坐可睡，可载一定量的行李。架窝可避风避阳，一般小雨不误行程。偏关地区也有一种类似的运输工具叫“老虎棚子”，是用两根轿杆、两根短棍做成方框，再用绳子结成网状，铺上被褥，再扎上拱形窝棚，适于老弱病残或长途旅行时使用。

从出行到娶亲：轿子

轿子，也称“肩舆”，是古代盛行的一种人力交通工具。中间是方形的轿厢，轿厢为木质，两侧开窗悬布幔遮挡，前开门，边上穿过两根长木杆，可二人抬、四人抬、多人抬。轿顶端的顶子因级别不同而有不同的材质，四围罩上布罩，下沿可垂缨穗。在封建社会，轿子有明确的等级之分，一般是达官贵人的出行工具，如宋代规定“非品官不得乘暖轿”，清代的规定更是详细，不准逾制乘坐，三品以上乘绿呢官轿，轿顶用银，轿夫四人，出京时轿夫八人；四品以下乘蓝呢官轿，轿顶用锡，轿夫二人。直省总督、巡抚、钦差大臣三品以上可用轿夫八人。而且轿子、轿夫的花费较大，只有财力充足的家户才能养得起私轿。普通民众禁止乘坐轿子，只有娶亲时可用花轿。

轿子

花轿

婚嫁仪式中娶亲时使用的轿子叫作“花轿”。花轿的样式繁多，其形制因社会地位的不同而有所区别。普通人家娶亲用的一般是二人抬的花轿，富裕人家可用四人抬的花轿，官宦之家才可以用八人抬的大花轿。花轿是古代明媒正娶的固定搭配。花轿的装饰一般选用与婚嫁有关的吉祥图案，如牡丹、莲花、和合二仙、观音送子等，以红色为主色调。花轿迎亲习俗一直传承至今，花轿不仅仅是新娘子乘坐的交通工具，也是婚嫁仪式中的象征物和民俗标志。

水上交通

黄河漕运古栈道

黄河水运早在春秋时已有明确记载，到秦汉之际，航运规模更加扩大，漕运业已形成。因为有了黄河漕运，西汉定都长安，之后漕运的规模便日益扩大。由于陆路运输受运输工具所限，速度慢、运量小，晋陕峡谷中的黄河漕运就成了当时十分重要的运输渠道。据《汉书》记载，为保证漕运通畅，官方开始组织人工开凿三门峡，以便于船筏通过、纤夫挽船。1998年，山西省考古研究所对山西平陆、夏县、垣曲 3 县黄河北岸的库区淹没区进行调查，发现总长 5000 余米的黄河古栈道遗

黄河（河曲）撒网捕鱼（开河）

迹。古栈道当始建于汉，续修于唐，明清时期还在使用。

栈道的开凿是依山腰向内开凿出一条“凹”形通道，人们称其为“老虎嘴”，高约2.5米，底部宽约1米。无法开凿凹槽的绝壁上，则每隔2米左右凿一个0.2米见方、深0.3米的方孔，用来插入木梁，铺板架桥，形成完整的栈道。方孔正下方，向下凿有底孔，可以插入木桩支撑横梁，中部石壁上，凿有“牛鼻孔”，用以拴绑绳索，供拉纤人把持使力。开凿栈道的方法是“烧石沃醯”，即先以火烧石，继以醋泼于其上，石裂后，再为修治。栈道的用处是：逆水行船时，纤夫行走在栈

道上，用人力牵挽船只逆流而上。顺水行船时，水势湍急，又有礁石险滩，也需要人力牵挽来控制船速，帮助调整航向。在行船过程中，船工、纤夫一边劳动，一边唱着号子。黄河船工从来不行“哑巴船”，他们唱的号子，根据不同情况分为“拨船号子”“行船号子”“拉篷号子”“爬山虎号子”“推船号子”等。拉纤号子，又有清早拉纤号和晚上拉纤号之分，虽曲调相同，但歌词内容是不一样的。

黄河漕运在黄河流域的经济发展中有着举足轻重的作用。黄河栈道的兴衰，是古代社会经济情况的实物反映。现在黄河

水运已彻底失去了往昔的活力，退出了历史舞台，古栈道也成了今人考古、研究的遗迹。

缝革为囊的皮筏子

在沿黄河一带的吉县、永和、临县、柳林等地，流传着一种特殊的水上交通形式：吹羊皮过河，当地人称为“羊皮筏子”。羊皮筏子是黄河中上游山陕两岸的古代先民为从水路运输人员、物资而发明的水上交通工具。人们“缝革为囊”，充入空气，囊充气后就可以漂浮在水面，方便泅渡时使用。唐代以前，这种工具被称为“革囊”，到了宋代，皮囊是宰杀牛、羊后掏空内脏的完整皮张，不再是缝合而成，故改名为“浑脱”。20 世纪四五十年代以前，羊皮筏子曾是黄河上的重要水运工具。

在沿黄河一带的乡村，人们宰杀羊时整皮褪下，去羊腿后封口，成皮袋状，留一条腿的口，过河时吹足气，成一皮气囊，再灌入少量清油、食盐和水，把头尾和腿扎紧，一个羊皮囊可供单人作为“救生圈”抱着划水过河，几个羊皮囊捆绑在一起就可以产生足够几个人过河的浮力。后来人们用麻绳把数根木条扎成一只筏子，把多个羊皮气囊固定在木排下，就成了既可坐人又可运物的羊皮筏子，由筏客子（专门划船的人）划桨过河。因羊皮筏子分量轻，乘客上筏子时须排列均匀，不能随意走动或站立，以免倾覆。渡河时，皮筏子要顺流而下，筏客子用木桨不停急划向对岸靠近。因水流关系，两岸渡口不能相对而设，出发点须在上游渡口。乘客上岸后筏客子将皮筏扛上肩头步行至上游处，再放筏急划回来。故有谚云：“下水人乘筏，上水筏乘人。”牛皮也可以制作皮筏子。“黄河滚滚波浪翻，牛皮筏子当轮船”，用牛皮袋子做成的皮筏子更加结实耐用，可以运载重物。牛皮筏子需将整根碗口粗的圆木编成木排，下拴几十只牛皮囊，一次可乘十数人。但是牛皮筏子分量太重，不便搬运，到对岸后要拉至上游渡口才能返回。皮筏子制作简单，结实耐用，特别是羊皮筏子，重量较轻，一个人便可背负搬动，是一种极具地方特色的渡河工具。皮筏子渡几个来回后，皮囊中空气不足，筏客子经常需要用嘴对皮袋吹气，代指

羊皮囊

说大话的“吹牛皮”即源自这里。

黄河浮桥

浮桥，指用船或浮箱代替桥墩，浮在水面的桥梁。浮桥的结构形式有两种：传统的形式是在船或浮箱上架梁，再铺桥面；现在多采用舟梁合一的形式，或船只首尾相连成纵列式，或将舟体紧密排列成带式。为保持浮桥轴线位置不致偏移，在上、下游需设缆索锚碇。为与两岸接通，在两岸需设置过渡梁或跳板。为适应水位涨落，两岸还应设置升降码头或升降栈桥。浮桥可用于人行、公路、铁路，其构造并不复杂，架拆也方便，但维修费用高，平时可用以应急救灾或作为临时性交通设施。

缘于特殊的河流条件和地理位置，古代人民曾在黄河天险上架设过四座浮桥：蒲津浮桥、大阳浮桥、盟津浮桥、镇远浮桥。镇远浮桥在今甘肃省兰州市，大阳、盟津两座浮桥在今河南省境内，蒲津浮桥位于山西省永济市蒲州古城西五里的黄河岸边。四座浮桥曾经在历史上发挥过重要的交通作用，但如今早已湮灭在历史的洪流中。

蒲津渡是黄河上著名的古渡口，蒲津渡浮桥是黄河上的第一座浮桥。据《左传·昭公元年》（前541年）记载：“秦公子咸奔晋，其车千乘，造舟于河。”这是对蒲津桥最早的历史记载。《辞海》称：“天下河桥有其三，此有一也。”“重要的地理位置和稳定的河床条件，使得历代在蒲津数次造桥”，考古专家刘永生指出，“大多供军事之用……最著名的为唐代开元年间建造的蒲津渡浮桥”。唐开元十二年（724），唐玄宗任命兵部尚书张说主其事，改木桩为铁牛、易笮索（用竹篾拧成的条索）为铁链，疏其船间，倾国力对蒲津浮桥进行了大规模修建，《通典》《蒲州府志》均有记载。蒲津浮桥的建造，在唐代时是一项非常浩大的国家级工程。铸造的浮桥铁锚及铁索链共用铁160余万斤，占当时全国铁年产量的五分之四。现在发现的开元铁牛、铁人、铁山、铁柱等蒲津桥遗物都是当时用来稳固浮桥的。直到宋金时期，蒲津渡仍然是黄河重要渡口之一。金元交战之际，金兵烧毁浮桥，从此蒲津渡浮桥在黄河上消失了。蒲津渡遗址已成为一处旅游景点，对于古代黄河浮桥，我们只能从历史记载和遗存中寻找踪迹。现在为了方便两岸群众的来往需求，在黄河上修建了一些小规模的黄河浮桥，如横跨陕西合阳县治川镇渡口与山西临猗县角杯乡吴王渡口的治吴黄河浮桥。

水旱码头小都会——碛口

民间有“驮不尽的碛口，填不满的吴城”（吴城指山西吕梁吴城镇，是重要的物资中转站）的说法，碛口是黄河上的重要渡口，更是货物中转的“水旱码头小都会”，三百年的繁华

沉淀于此。

碛口位于黄河晋陕峡谷中部，因黄河大同碛而得名。黄河河道至此由400米的宽度缩至80米，湫水河裹挟着大量的沙石拦腰冲入，冲出一片四五百米长的暗礁浅滩。河面下暗藏的碛石能让货船顷刻间粉身碎骨，河道无法继续行船，黄河上游满载货物的商船到此不得不改为陆路运输。于是这里便成了明清时期货物中转的水陆码头，“人烟辐辏，货物山积，船泊叠岸，驼铃不绝”。1917年《临县志》卷七云：“碛口为县南门户，东北接县川，东南达离石，西南通陕甘，西北连河套，水陆交通颇称繁盛。”西北宁夏、包头一带的粮油、皮毛、盐碱、药材等物资源源不断地由水路运来，到碛口后转陆路，由骡马、骆驼输送至太原、京、津、汉口等地。

民谚有云：“碛口街上尽是油，三天不驮满街流。”在明清鼎盛时期，碛口码头每天来往的船只有150艘之多，码头搬运苦力2000余人，骡马、骆驼有上千头，仅附近西湾村的陈家就有骆驼300余峰。五里长街，店铺林立，云集了380余家大小商号，几乎所有的晋商巨贾，如祁县乔家、榆次常家等，都在这里设有分号，日进斗金。当地有谚语：“碛口柳林子，遍地是银子。一家没银子，旮旯里扫得几盆子。”碛口主街东头为前街，主要是骡、马、骆驼交易与货物驼运市场。中街沿东西平行走向分出三道街，头道街又称食巷店，主要是饭庄、酒

馆、大车店等，中街是百货、日杂。后街紧靠黄河码头，实力雄厚的商号均聚集于此，也是古镇最繁华的地段。三条街道一条比一条短，形成了梯形的建筑格局。现在古镇仍有数量丰富且保存完好的明清古建筑，有货栈、票号、当铺等各类商业性建筑和庙宇、码头、民居等。

碛口行船艰难，运输成本高，航运期短，加上黄河泛滥和战争频发，随着公路、铁路的快速发展，尤其是 1921 年汾阳至柳林军渡公路建成，黄河水运失去了价值，碛口码头退出了历史舞台，失去了“水旱码头小都会”的重要地位。

行旅风俗

保驾护航的晋商镖局

镖局，是古代为一些商家、个人提供行旅途中安全保障的专门机构。作为我国早期保险业，它随着明清商业贸易的发展而兴盛，山西人创办镖局时间上最早，数量上也最多。1936年，学者卫聚贤曾到山西调查票号发展史，在其著作《山西票号史》中提及“考创镖局之鼻祖，乃系清乾隆时，山西人神拳无敌张黑五，开设兴隆镖局于北京前门外大街”。山西自古民风尚武，创造出了形意拳、意拳、弹腿等民间武术，这就为镖局的诞生奠定了人才基础。明清时期晋商贸易往来不断，大量贵重货物、钱财经常需要长途贩运，镖局正是市场需求催生的产物。古代盗匪流寇猖獗，要安全抵达目的地，同时把财物完整运到，必须要有得力的保卫措施，镖局就成了为晋商保驾护航的一个“产业链延伸”行业。如平遥的同兴公镖局是晋中地区最著名的镖局之一。

能开镖局的人必须在当地行业内有一定的影响力，通俗地讲，要有钱有势。开设镖局的第一步就是要下帖，请官私两方的大人物们前来捧场，叫“亮镖”。镖局的组成人员包括镖

平遥同兴公镖局

局主人、总镖头、镖师、大掌柜、伙计和杂役。总镖头是镖局的“业务总管”，常身怀绝技，功夫了得，在行业内有一定的名声。镖师是镖局的“精英分子”，经验丰富、武艺高超、胆大心细的人最受欢迎。大掌柜管理镖局内外杂事，接待顾客，需要眼明心细算盘精，看货不走眼，估价不离谱。镖局的生意叫作“出镖”或“走镖”，由总镖头和数个经验丰富的镖师负责“押镖”，镖车上插镖旗，伙计嘴里吆喝着“镖号”，拿着接收镖物的清单，遇到关口的时候，要出示官府开具的通行证。镖头骑马前后巡视，关注周围异常情况。坐在车上的镖师

镖局

要用左腿压住右腿，如遇意外可以迅速起身。镖局内部有一些行话，在遇到突发状况时可以暗中发号施令。如“恶虎拦路”，镖头会下令“轮子盘头”，意思是叫所有的镖车围成一个圈，准备御敌。他们叫“抽烟”是“炒坑”、叫“火柴”是“亮子”、叫“上衣”是“叶子”，“亮青子”就是拔出刀剑，“挡风”就是把对方赶跑了便罢，“鞭”即打死人。如果镖车被劫，叫作“失镖”，会有损镖师的名声，对顾客造成的损失由镖局主人赔偿。

生离死别“走西口”

“走西口”也叫“走口外”“走场子”“跑口外”，是指在旧社会长城以内的晋西北、雁北以及陕北地区无法谋生的贫苦农民远赴内蒙古、宁夏等地打工赚钱的活动，其中河曲、保德地区的最具代表性。西口是指通往北部的山西右玉县杀虎口（曾称为杀胡口），北上内蒙古讨生活大多要经过此地，出了杀虎口就是内蒙古和林格尔地区。此外还有一条水上西口路，在河曲县城水西门外黄河拐弯处的“西口渡”过河，右边就是内蒙古的大口渡。

“走西口”的人被称为“边客”“雁行人”。一类是贫苦农民，他们称走西口为“讨生活”。晋西北土地少而贫瘠，自然灾害频繁，气候干旱少雨，“十年九不收”，贫农们只好从杀虎口走出山西讨生活，远到包头、临河、察哈尔等地打工谋生。口外地广人稀，蒙古族人不善农耕，也愿意把土地租给汉人耕种，晋西北的贫农们就能够靠这种方式养家糊口。《河曲县志》有记载：“河邑人耕商塞外草地，春夏出口，岁暮而归，但能经营力作，皆足糊口养家。”另一类是做买卖的晋商，主要是太原、晋中一带的山西人，他们称走西口为“做买卖”。口外口内的民族地域差异创造了进行商品贸易的机会，“做买卖”的人赶着驼队载上布匹绸缎、烟酒糖茶，到了蒙地以货易货，

换回皮毛、牛马、盐等物，“将我的牛马骆驼羊，换你的茶布水烟糖”。他们熟悉蒙人习俗，掌握蒙语，和蒙人建立了长期的贸易关系。晋商乔家的乔贵发，先在一个叫“包克图”的村子里卖豆腐，后来开了商号“复盛公”，包头有俗语：“先有复盛公，后有包头城。”可见，“走西口”活动为山西人创造了新的生产生活方式，也对蒙地的经济、社会、习俗有着深远的影响。

“走西口”的贫苦人主要行旅方式是步行。河曲的走口外者，从城关或其上游的河湾、梁家碛渡口过河后，经内蒙古马栅、陕西府谷的古城进入鄂尔多斯境内，经纳林、马场壕、达拉特旗到达包头，稍做休整，再分散到各地去。这一段路，“快五(天)慢六(天)”，凶险难料，尤其是库布其沙漠，是旅程中最危险的一段，人们视其为“鬼门关”，有人在离家时就给自己烧了“离门纸”。清雍正年间，传说祁县晋商渠家十四代传人渠百川“走西口”之日，正当惊蛰，其父拿出梨让他吃，和他说：“先祖贩梨创业，历经艰辛，定居祁县，今日惊蛰你要走西口，吃梨是让你不忘先祖，努力创业，光宗耀祖。”后渠百川“走西口”经商致富，将开设的字号取名“长源厚”。之后其他走西口者在离家前也仿效吃梨，取“梨(离)家创业”之意。

“讨生活”的人睡草滩、盖皮袄、吃生饭，以最低限度的生存方式存活下来。行装特别简单，扁担挑上几件衣服和够五六天吃的水和干粮。食品分生熟两种，生的是小米，熟的是糠炒面（用炒熟的黄豆、谷糠磨成面制成）。遇到有人家的地方，借锅灶做点小米粥；如果没有人家，“吃上糠炒面，喝上爬爬水（冷水），进圪肚里瞎日鬼（指肚疼），管他日鬼不日鬼，担上担出一身水”。“走西口”途中的住宿叫“打路盘”。一般是“就水不就店”，天黑了就席地睡觉，选择一块平坦而又杂草少的地方，稍加清理，将铺盖或皮袄一铺，用自己的鞋子当枕头。一般人们会选择与同村人结伴而行，一人上路无人照应，很容易在途中发生意外。有许多人死在“走西口”的路上，同伴只能把他们临时埋在“义地”，等将来有钱后再将尸骨拉回老家。但大多数只能永远埋在口外，形成一处处孤坟。

在河曲、保德等晋西北地区，“走西口”的习俗持续了几百余年。山西河曲的地方民歌《走西口》借留守在家的“妹妹”之口道出了离别之苦与行路之艰。“哥哥你出村口，小妹妹我有句话儿留，走路走那大路的口，人马多来解忧愁。紧紧地拉着哥哥的袖，汪汪的泪水肚里流，只恨妹妹我不能跟你一起走，只盼哥哥你早回家门口。”“走西口”是春去秋回，“割倒了糜子收倒秋，跑‘口外’的哥哥往回走”。一路上唱着节奏轻快的“乐意调”，“三天的路程两天到”。此外，人们还用

电影、电视剧、二人台等多种艺术形式，讲述了一个个为生活所迫背井离乡“走西口”的鲜活故事。“走西口”是一种特殊的行旅习俗，也是一种生产生活方式，更是一段泣血书写的历史。

临时休憩的驿站

驿站本是古代驿道上供传递官府文书和军事情报的人或来往官员途中食宿、换马的场所，设有驿舍、驿丁、驿马、驿驴、驿船及驿田等。随着商业贸易的发展，驿站逐渐扩展成为来往商人提供食宿休息的场所。明成化版《山西通志》“驿递”中记载，“临汾驿（属阳曲县，在府城南关内）四十里至鸣谦驿（属榆次县，在县北二十里鸣谦村），七十里又西南至同戈驿（属徐沟县，在县北一里同戈镇），七十里太安驿（在寿阳县，在县西五十里太安镇），七十里至芹泉驿（属盂县，县南七十里，寿阳县地），八十里至平潭驿（属平定州，在州西二十五里平潭村）”。在这大大小小的驿站中，太安驿是规模较大的一座。据史料记载：北魏孝昌中置太安郡于原寿阳县，领狄郡、捍殊二县。太安驿由此兴焉。北周废其郡制，仅存驿站。清代，太安驿是太原府东道至京师的主要驿站，经平定测石驿可出山西入河北，向西接榆次县王胡驿。驿站设在太安镇南的古官道边，盛时有正殿、东西厢房、戏台等配套建筑，清光绪年间“设驿丛一员，宅隶二名，弓兵十名，驿马七十七匹，马夫三十九名”。唐代文豪韩愈曾为赴镇州宣慰乱军而路过太安驿并在此留宿。一路上鞍马劳顿，饥渴交加，韩愈落座后便急令上茶上饭。但因晚饭已过，厨房已经收拾了。驿丞不敢怠慢，急中生智，令大厨把正餐时所剩的快要发酵的烙饼面包上糖馅儿，在鏊子上烤熟了端上去。韩愈吃后觉得非常可口，就问驿丞这叫什么。驿丞说是专为饮茶而制的小食。韩愈听后说“茶食也”，于是大加赞赏，一时兴起，留诗一首曰：

碛口古镇中的店铺

“风光欲动别长安，及到边城特地寒；不见园花兼巷柳，马前唯有月团团。”这一急就章的小点心便被命名为茶食，成为地方名吃。

驿站中最多的店铺就是旅店，也叫车马店、客栈，是出门人歇脚的临时归宿。过去在县城、重镇、大村及交通要道等地都有私办的“客栈”“车马店”。讲究一点的还有字号，如晋城著名的“新泰店”“万顺店”。旧时店前用灯笼、旗子、门匾做招幌，有的干脆以门墙写字做广告。客栈室内有卧具、被褥、桌椅、茶具、脸盆等，并备有饭菜。条件差的旅店设施比较简单，有的就是一盘大炕，几个人挤在一起睡大通铺。过去旅店数量少，即使条件差，人们也愿意忍上一晚，天明再上路。若舍不得花钱，或未能找到旅店，就只能宿在破庙、山洞，连人身安全都无法保障。

出行禁忌

旧时外出旅行之人主要有三种情况：一是外出谋生，如工匠、手艺人、商人、货运马帮等；二是探亲访友，因公出差者；三是因生活所迫的逃荒避难者。运城一带驮盐运盐的马帮盐队成年累月以路为家，常年奔波。晋中地区经商做买卖的人多，足迹踏遍东西南北。小手艺人走街串巷，四海为家，换几个辛苦钱养家糊口。人们对世界的认识有限，为保障出行的安全，创造了许多出行禁忌。山西民歌《走西口》中唱道:“走路你走大路，不要走小路。”俗语有“七不出门，八不回家”，指初七、十七、二十七日忌出行，初八、十八、二十八日忌回家。河东地区也有民谚“出门三六九，回家二五八”。农历十三日忌出远门，因为谐音“失散”。有些地方还讲究“杨公忌日”不可出行，“正月十三、二月十一、三月初九、四月初七、五月初五、六月初三、七月初一、七月二十九、八月二十七、九月二十五、十月二十三、十一月二十一、腊月十九”，每个日期都相隔二十八天，都是禁忌离家出门的日子。河曲县人十分看重出门日子，常通过看皇历、占卜算卦来确定出行日和方向。出行多选择在上午或凌晨。行前全家一起吃饯行饭，单为行者准备荷包鸡蛋和饼食类的耐饥食品。河东地区民众为出行的人赠送十个红鸡蛋，意为十全十美。出行的晚辈要对父母等长辈行跪别礼。行者上路前有的要先到五道爷庙或在天地神前烧香上祭，燃放炮竹。

途中问路要先施礼，加称谓问路，所谓“见人不施礼，多走十五里”。路上掉落的帽子不能捡，因为是“愁帽”，遇到烟嘴要吹一吹，如果是不通的烟嘴则绝对不能捡，是“不出气烟锅子”，会使家人出事。见布袋不捡，谓之“气布袋”，恐惹是非。遇到蛇要绕道而行，不能伤害，因为蛇在民间是财神的化身。坐车忌说“翻”字，坐船忌说“停”字等。河上行船，船

家忌两手插腰，因为这表示船出故障，无计可施。行船忌讳说“翻”“沉”“破”“倒”等字眼。船户吃饭的碗和盛饭的盆忌讳口朝下放。

在外做梦牙掉了，兆家中长辈凶丧，必写信或亲自回来探望。耳朵发烧，谓家中有人想念。喜鹊枝头叫，谓有客人到，泡茶时茶棍竖起，兆外出的人要归来。但凡外出谋生者不论贫富，归来时都要给亲近的老小每人一份礼物，多寡不限，以表心意。亲朋好友，四邻乡亲，但凡是远行久别而归者，多有去探望问候的，在街上碰上了也要关切问候归期及在外情况，有的地方还要约请吃洗尘饭。

参考文献

崔峥岭主编:《偏关民俗文化》，山西人民出版社，2009 年。

段友文编著:《中国民俗知识·山西民俗》，甘肃人民出版社，2008 年。

范和平主编:《平鲁民俗图志》，三晋出版社，2010 年。

临汾市地方志办公室编，绍玉义著:《平阳风情》，山西人民出版社，2008 年。

刘喜才编著:《河曲民俗》，中国文联出版社，2008 年。

吕德功主编:《晋北民俗文化丛书》，山西古籍出版社，1999 年。

聂元龙:《山西民俗撫拾》，山西人民出版社，2012 年。

聂元龙:《孝义民俗风情》，山西人民出版社，2013 年。

朔州市三晋文化研究会编:《朔州民间文化》，三晋出版社，2009 年。

宋保明、宋丽峰:《左权民俗》，山西人民出版社，2017 年。

王森泉、屈殿奎:《黄土地民俗风情录》，山西人民出版社，1992 年。

温辛、薛麦喜主编:《山西民俗》，山西人民出版社，1991 年。

吴红霞:《山西民俗概论》，三晋出版社，2010 年。

杨拴保:《清徐民俗》，北岳文艺出版社，2010 年。

杨迎祺编著:《临汾民俗》，山西人民出版社，2011 年。

张保福编著:《晋城民俗》，三晋出版社，2010 年。

张星社主编:《阳城民俗文化》，三晋出版社，2011 年。

政协保德县委员会编:《保德民俗》，三晋出版社，2011 年。

钟声扬、赵普仁:《朔州民俗探源》，香港讯通出版社，2005 年。

后　记

山西表里河山，历史悠久，民俗文化资源丰富多样，地域特色十分明显。开展对山西民俗的研究，是我们在前期《山西文明史》研究基础上对山西文明研究的进一步细化与深入，这对于加强民俗文化资源的保护与利用，重塑山西精神，坚定文化自信，助推文旅融合，都具有积极意义。

《民俗山西》（共十册）于 2016 年 5 月立项并正式启动，由杨茂林担任学术指导及主编，董永刚具体负责组织实施，韩雪娇配合。该书在撰写上主要以社科院历史所人员为主，同时吸收了经济所、社会学所、语言所、原晋商研究中心、《五台山研究》编辑部等多位同志参与。由于该书内容庞杂、覆盖面广，为了尽可能做到材料详尽、史料准确，在编写过程中，项目组多次组织作者们分赴晋西北、晋南和晋东南等多地展开调研，并积极调动各方社会资源为书稿的编写提供线索和材料，有效地保证了项目的进度和质量。到 2019 年 10 月，全套初稿基本完成，但囿于撰写时间较短和作者专业不同的限制，书稿在写作风格、行文笔触、史料选取、图片使用及篇幅大小上存在

明显不一，与最初设计有一定距离。为此，在杨茂林的统一指导下，我们又用了一年多时间，几经易稿，每一册书较前期都有大幅度的改动。直到 2021 年 9 月，整套丛书的修改和配图才基本完成并启动出版流程。难度不谓不大！

作为一套图文并茂的文化普及类图书，无论文字还是图片要求，与普通出版物有很大区别，尤其在图片的搜集和使用上，其困难超出我们的想象。为了得到好的图片资源，山西省考古研究院刘岩副院长、洪洞县文物旅游局刘慧副局长、黎城县民间文艺家协会李建华主席、商务印书馆薛亚娟女士、山西人民出版社席青女士等给予了我们很大支持。该丛书出版前夕，山西省书画院韩少辉院长欣然为本书题写了书名，在此，我们表示衷心感谢！同时也向在编写过程中给我们提供指导和提出建议的社会各界朋友表示诚挚的谢意！由于民俗图片要求特殊，本书在图片搜集过程中，也针对性地选取了几张源于图书和网络的图片，但未能与作者取得联系，为此，我们向作者表示歉意！必要情况下可以和出版社或本书作者取得联系。

编写此类图书是我们的第一次尝试，尽管我们付出了很多努力，但总难免有欠妥与谬误之处，恳请广大读者朋友及专家、学者提出宝贵意见和建议，以便改进我们的工作！

《民俗山西》编写组

2022 年 1 月